U0088407

國民日語生活單字大全集

日語的生活基本單字，你都會了嗎？！

趕快來看看還有多少單字你不知道！

跟著本書背，你也會變成生活單字通！

50音基本發音表

清音

● track 002

a ㄚ	i 一	u ㄨ	e ㄝ	o ㄡ
あ ア	い イ	う ウ	え エ	お オ
ka ㄎㄚ	ki ㄎ一	ku ㄎㄨ	ke ㄎㄝ	ko ㄎㄡ
か カ	き キ	く ク	け ケ	こ コ
sa ㄙㄚ	shi ㄒ一	su ㄙㄨ	se ㄙㄝ	so ㄙㄡ
さ サ	し シ	す ス	せ セ	そ ソ
ta ㄊㄚ	chi ㄑ一	tsu ㄘ	te ㄊㄝ	to ㄊㄡ
た タ	ち チ	つ ツ	て テ	と ト
na ㄋㄚ	ni ㄋ一	nu ㄋㄨ	ne ㄋㄝ	no ㄋㄡ
な ナ	に ニ	ぬ ヌ	ね ネ	の ノ
ha ㄏㄚ	hi ㄏ一	fu ㄈㄨ	he ㄏㄝ	ho ㄏㄡ
は ハ	ひ ヒ	ふ フ	へ ヘ	ほ ホ
ma ㄇㄚ	mi ㄇ一	mu ㄇㄨ	me ㄇㄝ	mo ㄇㄡ
ま マ	み ミ	む ム	め メ	も モ
ya 一ㄚ		yu 一ㄩ		yo 一ㄡ
や ヤ		ゆ ユ		よ ヨ
ra ㄌㄚ	ri ㄌ一	ru ㄌㄨ	re ㄌㄝ	ro ㄌㄡ
ら ラ	り リ	る ル	れ レ	ろ ロ
wa ㄨㄚ		o ㄡ		n ㄣ
わ ワ		を ヲ		ん ン

濁音

● track 003

ga ㄍㄚ	gi ㄍ一	gu ㄍㄨ	ge ㄍㄝ	go ㄍㄡ
が ガ	ぎ ギ	ぐ グ	げ ゲ	ご ゴ
za ㄗㄚ	ji ㄐ一	zu ㄗ	ze ㄗㄝ	zo ㄗㄡ
ざ ザ	じ ジ	ず ズ	ぜ ゼ	ぞ ゾ
da ㄉㄚ	ji ㄐ一	zu ㄗ	de ㄉㄝ	do ㄉㄡ
だ ダ	ぢ ヂ	づ ヅ	で デ	ど ド
ba ㄅㄚ	bi ㄅ一	bu ㄅㄨ	be ㄅㄝ	bo ㄅㄡ
ば バ	び ビ	ぶ ブ	べ ベ	ぼ ボ
pa ㄆㄚ	pi ㄆ一	pu ㄆㄨ	pe ㄆㄝ	po ㄆㄡ
ぱ パ	ぴ ピ	ぷ プ	ぺ ペ	ぽ ポ

拗音

kya ㄎㄧㄚ	kyu ㄎㄧㄩ	kyo ㄎㄧㄡ
きゃ キャ	きゅ キュ	きょ キョ
sha ㄒㄧㄚ	shu ㄒㄧㄩ	sho ㄒㄧㄡ
しゃ シャ	しゅ シュ	しょ ショ
cha ㄑㄧㄚ	chu ㄑㄧㄩ	cho ㄑㄧㄡ
ちゃ チャ	ちゅ チュ	ちょ チョ
nya ㄋㄧㄚ	nyu ㄋㄧㄩ	nyo ㄋㄧㄡ
にゃ ニャ	にゅ ニュ	にょ ニョ
hya ㄏㄧㄚ	hyu ㄏㄧㄩ	hyo ㄏㄧㄡ
ひゃ ヒャ	ひゅ ヒュ	ひょ ヒョ
mya ㄇㄧㄚ	myu ㄇㄧㄩ	myo ㄇㄧㄡ
みゃ ミャ	みゅ ミュ	みょ ミョ
rya ㄌㄧㄚ	ryu ㄌㄧㄩ	ryo ㄌㄧㄡ
りゃ リャ	りゅ リュ	りょ リョ

gya ㄍㄧㄚ	gyu ㄍㄧㄩ	gyo ㄍㄧㄡ
ぎゃ ギャ	ぎゅ ギュ	ぎょ ギョ
ja ㄐㄧㄚ	ju ㄐㄧㄩ	jo ㄐㄧㄡ
じゃ ジャ	じゅ ジュ	じょ ジョ
ja ㄐㄧㄚ	ju ㄐㄧㄩ	jo ㄐㄧㄡ
ぢゃ ヂャ	づゅ ヂュ	ぢょ ヂョ
bya ㄅㄧㄚ	byu ㄅㄧㄩ	byo ㄅㄧㄡ
びゃ ビャ	びゅ ビュ	びょ ビョ
pya ㄆㄧㄚ	pyu ㄆㄧㄩ	pyo ㄆㄧㄡ
ぴゃ ピャ	ぴゅ ピュ	ぴょ ピョ

● | 平假名 | 片假名 |

目錄

1 人類相關事物

2 數字、時間與單位

3 生活環境及用品

4　交通、地理與景點

5　天氣及大自然

1

人類相關事物

1 人體部位

單字	かお 顔
拼音	ka.o.
中譯	**臉**

2

單字	ひたい 額
拼音	hi.ta.i.
中譯	**額頭**

3

單字	ほほ 頰
拼音	ho.ho.
中譯	**臉頰**

4

單字	えくぼ 笑窪
拼音	e.ku.bo.
中譯	**酒窩**

5

單字	め 目
拼音	me.
中譯	**眼睛**

單字	はな 鼻
拼音	ha.na.
中譯	**鼻子**

單字	くち 口
拼音	ku.chi.
中譯	**嘴**

單字	くちびる 唇
拼音	ku.chi.bi.ru.
中譯	**嘴唇**

單字	は 歯
拼音	ha.
中譯	**牙齒**

單字	あご 顎
拼音	a.go.
中譯	**下巴**

單字	まゆげ 眉毛
拼音	ma.yu.ge.
中譯	**眉毛**

單字	まつげ 睫
拼音	ma.tsu.ge.
中譯	**睫毛**

單字	まぶた 瞼
拼音	ma.bu.ta.
中譯	**眼皮**

單字	ひとえまぶた 一重瞼
拼音	hi.to.e.ma.bu.ta.
中譯	**單眼皮**

單字 ふたえまぶた
二重瞼
拼音 fu.ta.e.ma.bu.ta.
中譯 雙眼皮

單字 みみ
耳
拼音 mi.mi.
中譯 耳朵

單字 かみ
髪
拼音 ka.mi.
中譯 頭髮

單字 まえがみ
前髪
拼音 ma.e.ga.mi.
中譯 瀏海

單字 ひげ
拼音 hi.ge.
中譯 鬍鬚

單字 くび
首
拼音 ku.bi.
中譯 脖子

單字 のど
喉
拼音 no.do.
中譯 喉嚨

單字	<ruby>喉仏<rt>のどぼとけ</rt></ruby>
拼音	no.do.bo.to.ke.
中譯	**喉結**

單字	<ruby>肩<rt>かた</rt></ruby>
拼音	ka.ta.
中譯	**肩膀**

單字	<ruby>鎖骨<rt>さこつ</rt></ruby>
拼音	sa.ko.tsu.
中譯	**鎖骨**

單字	<ruby>背中<rt>せなか</rt></ruby>
拼音	se.na.ka.
中譯	**背**

單字	<ruby>脇<rt>わき</rt></ruby>
拼音	wa.ki.
中譯	**腋下**

單字	<ruby>手<rt>て</rt></ruby>
拼音	te.
中譯	**手**

單字	<ruby>手<rt>て</rt></ruby>のひら
拼音	te.no.hi.ra.
中譯	**手掌**

1 人體部位

2

3

4

5

單字	手の甲 て こう
拼音	te.no.ko.u.
中譯	**手背**

單字	肘 ひじ
拼音	hi.ji.
中譯	**手肘**

單字	腕 うで
拼音	u.de.
中譯	**手腕**

單字	指 ゆび
拼音	yu.bi.
中譯	**手指**

單字	指先 ゆびさき
拼音	yu.bi.sa.ki.
中譯	**指尖**

單字	親指 おやゆび
拼音	o.ya.yu.bi.
中譯	**大拇指**

單字	人差し指 ひとさ ゆび
拼音	hi.to.sa.shi.yu.bi.
中譯	**食指**

單 字	<ruby>中指<rt>なかゆび</rt></ruby>
拼 音	na.ka.yu.bi.
中 譯	**中指**

單 字	<ruby>薬指<rt>くすりゆび</rt></ruby>
拼 音	ku.su.ri.yu.bi.
中 譯	**無名指**

單 字	<ruby>小指<rt>こゆび</rt></ruby>
拼 音	ko.yu.bl.
中 譯	**小指**

單 字	<ruby>爪<rt>つめ</rt></ruby>
拼 音	tsu.me.
中 譯	**指甲**

單 字	<ruby>足<rt>あし</rt></ruby>
拼 音	a.shi.
中 譯	**腳**

單 字	<ruby>太股<rt>ふともも</rt></ruby>
拼 音	fu.to.mo.mo.
中 譯	**大腿**

單 字	<ruby>脛<rt>すね</rt></ruby>
拼 音	su.ne.
中 譯	**小腿**

1 人體部位

2

3

4

5

單 字	ふくらはぎ 脹脛
拼 音	fu.ku.ra.ha.gi.
中 譯	**小腿肚**

單 字	ひざ 膝
拼 音	hi.za.
中 譯	**膝蓋**

單 字	くるぶし 踝
拼 音	ku.ru.bu.shi.
中 譯	**腳踝**

單 字	かかと 踵
拼 音	ka.ka.to.
中 譯	**腳跟**

單 字	あし うら 足の裏
拼 音	a.shi.no.u.ra.
中 譯	**腳掌**

單 字	あし ゆび 足の指
拼 音	a.shi.no.yu.bi.
中 譯	**腳趾**

單 字	しり 尻
拼 音	shi.ri.
中 譯	**屁股**

單 字	こし 腰
拼 音	ko.shi.
中 譯	**腰部**

單 字	なか お腹
拼 音	o.na.ka.
中 譯	**腹部**

單 字	しんぞう 心臓
拼 音	shi.n.zo.u.
中 譯	**心臟**

單 字	はい 肺
拼 音	ha.i.
中 譯	**肺**

單 字	い 胃
拼 音	i.
中 譯	**胃**

單 字	ちょう 腸
拼 音	cho.u.
中 譯	**腸子**

單 字	だいちょう 大腸
拼 音	da.i.cho.u.
中 譯	**大腸**

1 人體部位

2

3

4

5

單字	しょうちょう 小腸
拼音	sho.u.cho.u.
中譯	小腸

單字	じんぞう 腎臟
拼音	ji.n.zo.u.
中譯	腎臟

單字	ぼうこう 膀胱
拼音	bo.u.ko.u.
中譯	膀胱

單字	こうもん 肛門
拼音	ko.u.mo.n.
中譯	肛門

單字	ほくろ 黒子
拼音	ho.ku.ro.
中譯	痣

單字	しわ 皺
拼音	shi.wa.
中譯	皺紋

單字	し 染み
拼音	shi.mi.
中譯	斑紋

單 字	しんちょう 身長
拼 音	shi.n.cho.u.
中 譯	**身高**

單 字	たいじゅう 体重
拼 音	ta.i.ju.u.
中 譯	**體重**

單 字	かんじゃ 患者
拼 音	ka.n.ja.
中 譯	**患者**

單 字	びょうき 病気
拼 音	byo.u.ki.
中 譯	**生病**

單 字	かぜ 風邪
拼 音	ka.ze.
中 譯	**感冒**

單 字	インフルエンザ
拼 音	i.n.fu.ru.e.n.za.
中 譯	**流行性感冒**

單 字	せき 咳
拼 音	se.ki.
中 譯	**咳嗽**

1

2 健康疾病與醫療

3

4

5

MP3 Track 010

1
2 健康疾病與醫療
3
4
5

單字 吐く（は）
拼音 ha.ku.
中譯 吐

單字 熱（ねつ）
拼音 ne.tsu.
中譯 發燒

單字 夏バテ（なつ）
拼音 na.tsu.ba.te.
中譯 中暑

單字 蓄膿症（ちくのうしょう）
拼音 chi.ku.no.u.sho.u.
中譯 鼻竇炎

單字 花粉症（かふんしょう）
拼音 ka.fu.n.sho.u.
中譯 花粉症

單字 アレルギー
拼音 a.re.ru.gi.i.
中譯 過敏

單字 くしゃみ
拼音 ku.sha.mi.
中譯 打噴嚏

單字	はな 鼻づまり
拼音	ha.na.zu.ma.ri.
中譯	**鼻塞**

單字	はなみず 鼻水
拼音	ha.na.mi.zu.
中譯	**鼻水**

單字	はなぢ 鼻血
拼音	ha.na.ji.
中譯	**鼻血**

單字	にきび
拼音	ni.ki.bi.
中譯	**粉刺**

單字	ふ でもの 吹き出物
拼音	fu.ki.de.mo.no.
中譯	**痘痘、面皰**

單字	じんましん 蕁麻疹
拼音	ji.n.ma.shi.n.
中譯	**蕁麻疹**

單字	しっしん 湿疹
拼音	shi.sshi.n.
中譯	**溼疹**

1

2
健康疾病與醫療

3

4

5

單字	ずつう 頭痛
拼音	zu.tsu.u.
中譯	**頭痛**

單字	いつう 胃痛
拼音	i.tsu.u.
中譯	**胃痛**

單字	びょう うつ病
拼音	u.tsu.byo.u.
中譯	**憂鬱症**

單字	しんぞうびょう 心臓病
拼音	shi.n.zo.u.byo.u.
中譯	**心臟病**

單字	がん 癌
拼音	ga.n.
中譯	**癌症**

單字	しゅよう 腫瘍
拼音	shu.yo.u.
中譯	**腫瘤**

單字	あくせいしゅよう 悪性腫瘍
拼音	a.ku.se.i.shu.yo.u.
中譯	**惡性腫瘤**

單字	りょうせいしゅよう 良性腫瘍
拼音	ryo.u.se.i.shu.yo.u.
中譯	**良性腫瘤**

單字	こうけつあつ 高血圧
拼音	ko.u.ke.tsu.a.tsu.
中譯	**高血壓**

單字	こつそしょうしょう 骨粗鬆症
拼音	ko.tsu.sho.u.sho.u.
中譯	**骨質疏鬆症**

單字	ひんけつ 貧血
拼音	hi.n.ke.tsu.
中譯	**貧血**

單字	ゆけつ 輸血
拼音	yu.ke.tsu.
中譯	**輸血**

單字	きんし 近視
拼音	ki.n.shi.
中譯	**近視**

單字	えんし 遠視
拼音	e.n.shi.
中譯	**遠視**

單 字	ろうがん 老眼
拼 音	ro.u.ga.n.
中 譯	**老花**

單 字	むしば 虫歯
拼 音	mu.shi.ba.
中 譯	**蛀牙**

單 字	ししゅうびょう 歯周病
拼 音	shi.shu.u.byo.u.
中 譯	**牙周病**

單 字	げり 下痢
拼 音	ge.ri.
中 譯	**拉肚子**

單 字	べんぴ 便秘
拼 音	be.n.pi.
中 譯	**便祕**

單 字	けが 怪我
拼 音	ke.ga.
中 譯	**受傷**

單 字	き きず 切り傷
拼 音	ki.ri.ki.zu.
中 譯	**割傷**

單 字	擦り傷 su.ri.ki.zu.
拼 音	su.ri.ki.zu.
中 譯	**擦傷**

單 字	刺し傷 sa.shi.ki.zu.
拼 音	sa.shi.ki.zu.
中 譯	**刺傷**

單 字	やけど
拼 音	ya.ke.do.
中 譯	**燒傷、燙傷**

單 字	攣る
拼 音	tsu.ru.
中 譯	**抽筋**

單 字	捻挫
拼 音	ne.n.za.
中 譯	**挫傷**

單 字	腫れる
拼 音	ha.re.ru.
中 譯	**腫**

單 字	骨折
拼 音	ko.sse.tsu.
中 譯	**骨折**

1

2

健康疾病與醫療

3

4

5

單字	だっきゅう 脱臼
拼音	da.kkyu.u.
中譯	**脫臼**

單字	にんしん 妊娠
拼音	ni.n.shi.n.
中譯	**懷孕**

單字	じんつう 陣痛
拼音	ji.n.tsu.u.
中譯	**陣痛**

單字	あんざん 安産
拼音	a.n.za.n.
中譯	**順產**

單字	そうざん 早産
拼音	so.u.za.n.
中譯	**早產**

單字	なんざん 難産
拼音	na.n.za.n.
中譯	**難產**

單字	りゅうざん 流産
拼音	ryu.u.za.n.
中譯	**流產**

單 字	ちゅうぜつ 中絶
拼 音	chu.u.ze.tsu.
中 譯	**墮胎**

單 字	ちゅうしゃ 注射
拼 音	chu.u.sha.
中 譯	**打針**

單 字	ますい 麻酔
拼 音	ma.su.i.
中 譯	**麻醉劑**

單 字	ワクチン
拼 音	wa.ku.chi.n.
中 譯	**疫苗**

單 字	にゅういん 入院
拼 音	nyu.u.i.n.
中 譯	**住院**

單 字	たいいん 退院
拼 音	ta.i.i.n.
中 譯	**出院**

單 字	しゅじゅつ 手術
拼 音	shu.ju.tsu.
中 譯	**手術**

1

2 健康疾病與醫療

3

4

5

單 字	リハビリ	
拼 音	ri.ha.bi.ri.	
中 譯	**復健**	

單 字	きゅうきゅうしゃ 救急車	
拼 音	kyu.u.kyu.u.sha.	
中 譯	**救護車**	

單 字	しんりょう 診療	
拼 音	shi.n.ryo.u.	
中 譯	**診療**	

單 字	たいおんけい 体温計	
拼 音	ta.i.o.n.ke.i.	
中 譯	**體溫計**	

單 字	しょほうせん 処方箋	
拼 音	sho.ho.u.se.n.	
中 譯	**處方籤**	

單 字	こなぐすり 粉薬	
拼 音	ko.na.gu.su.ri.	
中 譯	**藥粉**	

單 字	じょうざい 錠剤	
拼 音	jo.u.za.i.	
中 譯	**藥丸**	

單字	げねつざい 解熱剤
拼音	ge.ne.tsu.za.i.
中譯	**退燒藥**

單字	ちんつうざい 鎮痛剤
拼音	chi.n.tsu.u.za.i.
中譯	**止痛藥**

單字	カプセル
拼音	ka.pu.se.ru.
中譯	**膠囊**

單字	ぬ　ぐすり 塗り薬
拼音	ne.ri.gu.su.ri.
中譯	**藥膏**

單字	めぐすり 目薬
拼音	me.gu.su.ri.
中譯	**眼藥水**

單字	きゅうきゅうばこ 救急箱
拼音	kyu.u.kyu.u.ba.ko.
中譯	**急救箱**

單字	ばんそうこう 絆創膏
拼音	ba.n.so.u.ko.u.
中譯	**ＯＫ繃**

1

2
健康疾病與醫療

3

4

5

單字	ほうたい 包帯
拼音	ho.u.ta.i.
中譯	**繃帶**

單字	くるまいす 車椅子
拼音	ku.ru.ma.i.su.
中譯	**輪椅**

單字	つえ 杖
拼音	tsu.e.
中譯	**拐杖**

單字	たんか 担架
拼音	ta.n.ka.
中譯	**擔架**

單字	私 <small>わたし</small>
拼音	wa.ta.shi.
中譯	我

單字	僕 <small>ぼく</small>
拼音	bo.ku.
中譯	我（男性用語）

單字	俺 <small>おれ</small>
拼音	o.re.
中譯	我（男性用語）

單字	あなた
拼音	a.na.ta.
中譯	你

單字	彼 <small>かれ</small>
拼音	ka.re.
中譯	他

單字	彼氏 <small>かれし</small>
拼音	ka.re.shi.
中譯	男朋友

單字	彼女 <small>かのじょ</small>
拼音	ka.no.jo.
中譯	她、女朋友

1

2

3
稱謂

4

5

單字	おとこ 男
拼音	o.to.ko.
中譯	**男人**

單字	おんな 女
拼音	o.n.na.
中譯	**女人**

單字	だんせい 男性
拼音	da.n.se.i.
中譯	**男性**

單字	じょせい 女性
拼音	jo.se.i.
中譯	**女性**

單字	りょうしん 両親
拼音	ryo.u.shi.n.
中譯	**雙親**

單字	おや 親
拼音	o.ya.
中譯	**父母**

單字	じい お爺さん
拼音	o.ji.i.sa.n.
中譯	**爺爺**

單 字	お婆さん ばあ
拼 音	o.ba.a.sa.n.
中 譯	**奶奶**

單 字	お父さん とう
拼 音	o.to.u.sa.n.
中 譯	**父親、爸爸**

單 字	父 ちち
拼 音	chi.chi.
中 譯	**父親**

單 字	お母さん かあ
拼 音	o.ka.a.sa.n.
中 譯	**母親、媽媽**

單 字	母 はは
拼 音	ha.ha.
中 譯	**母親**

單 字	お兄さん にい
拼 音	o.ni.i.sa.n.
中 譯	**哥哥**

單 字	兄 あに
拼 音	a.ni.
中 譯	**哥哥**

單字	お姉さん（ねえ）
拼音	o.ne.e.sa.n.
中譯	**姊姊**

單字	姉（あね）
拼音	a.ne.
中譯	**姊姊**

單字	弟（おとうと）
拼音	o.to.u.to.
中譯	**弟弟**

單字	妹（いもうと）
拼音	i.mo.u.to.
中譯	**妹妹**

單字	兄弟（きょうだい）
拼音	kyo.u.da.i.
中譯	**兄弟（姊妹）**

單字	姉妹（しまい）
拼音	shi.ma.i.
中譯	**姊妹**

單字	おばさん
拼音	o.ba.sa.n.
中譯	**伯母、阿姨**

單字	おじさん
拼音	o.ji.sa.n.
中譯	伯父、叔叔

單字	夫 おっと
拼音	o.tto.
中譯	丈夫

單字	ご主人 しゅじん
拼音	go.shu.ji.n.
中譯	先生（尊稱他人的丈夫）

單字	妻 つま
拼音	tsu.ma.
中譯	妻子

單字	奥さん おく
拼音	o.ku.sa.n.
中譯	夫人

單字	嫁 よめ
拼音	yo.me.
中譯	媳婦

單字	婿 むこ
拼音	mu.ko.
中譯	女婿

MP3 track 018

1
2
3 稱謂
4
5

單字	むすこ 息子
拼音	mu.su.ko.
中譯	兒子

單字	むすめ 娘
拼音	mu.su.me.
中譯	女兒

單字	まご 孫
拼音	ma.go.
中譯	孫子

單字	いとこ
拼音	i.to.ko.
中譯	堂表兄弟姊妹

單字	おい 甥
拼音	o.i.
中譯	外甥

單字	めい 姪
拼音	me.i.
中譯	外甥女

單字	こども 子供
拼音	ko.do.mo.
中譯	子女、孩子

036

單 字	<ruby>赤<rt>あか</rt></ruby>ちゃん
拼 音	a.ka.cha.n.
中 譯	嬰兒

單 字	<ruby>双子<rt>ふたご</rt></ruby>
拼 音	fu.ta.go.
中 譯	雙胞胎

單 字	<ruby>長男<rt>ちょうなん</rt></ruby>
拼 音	cho.u.na.n.
中 譯	長男

單 字	<ruby>次男<rt>じなん</rt></ruby>
拼 音	ji.na.n.
中 譯	次男

單 字	<ruby>長女<rt>ちょうじょ</rt></ruby>
拼 音	cho.u.jo.
中 譯	長女

單 字	<ruby>次女<rt>じじょ</rt></ruby>
拼 音	ji.jo.
中 譯	次女

單 字	<ruby>末<rt>すえ</rt></ruby>っ<ruby>子<rt>こ</rt></ruby>
拼 音	su.e.kko.
中 譯	老么

單字	<ruby>一<rt>ひと</rt></ruby>人っ<ruby>子<rt>こ</rt></ruby>
拼音	hi.to.ri.kko.
中譯	獨子

單字	<ruby>親戚<rt>しんせき</rt></ruby>
拼音	shi.n.se.ki.
中譯	親戚

單字	<ruby>友達<rt>ともだち</rt></ruby>
拼音	to.mo.da.chi.
中譯	朋友

單字	<ruby>友人<rt>ゆうじん</rt></ruby>
拼音	yu.u.ji.n.
中譯	友人、朋友

單字	<ruby>知<rt>し</rt></ruby>り<ruby>合<rt>あ</rt></ruby>い
拼音	shi.ri.a.i.
中譯	熟人、朋友

單字	クラスメート
拼音	ku.ra.su.me.e.to.
中譯	同學

單字	<ruby>先輩<rt>せんぱい</rt></ruby>
拼音	se.n.pa.i.
中譯	學長姐、前輩

單 字	どうはい 同輩
拼 音	do.u.ha.i.
中 譯	**同學、同事**

單 字	こうはい 後輩
拼 音	ko.u.ha.i.
中 譯	**學弟妹、後輩**

單 字	めうえ 目上
拼 音	me.u.e.
中 譯	**上級、長輩**

單 字	めした 目下
拼 音	me.shi.ta.
中 譯	**部下、晚輩**

單 字	りんじん 隣人
拼 音	ri.n.ji.n.
中 譯	**鄰居**

單 字	みんな
拼 音	mi.n.na.
中 譯	**大家**

1

2

3

4
職稱

5

單字	しょくぎょう 職業
拼音	sho.ku.gyo.u.
中譯	**職業**

單字	せんせい 先生
拼音	se.n.se.i.
中譯	**老師**

單字	きょうじゅ 教授
拼音	kyo.u.ju.
中譯	**教授**

單字	いしゃ 医者
拼音	i.sha.
中譯	**醫生**

單字	じゅういし 獣医師
拼音	ju.u.i.shi.
中譯	**獸醫**

單字	けいさつかん 警察官
拼音	ke.i.sa.tsu.ka.n.
中譯	**警察**

單字	しょうぼうし 消防士
拼音	sho.u.bo.u.shi.
中譯	**消防員**

單字	かんごし 看護師
拼音	ka.n.go.shi.
中譯	**護士**

單字	やくざいし 薬剤師
拼音	ya.ku.za.i.shi.
中譯	**藥劑師**

單字	えいようし 栄養士
拼音	e.i.yo.u.shi.
中譯	**營養師**

單字	べんごし 弁護士
拼音	be.n.go.shi.
中譯	**律師**

單字	けんさつかん 検察官
拼音	ke.n.sa.tsu.ka.n.
中譯	**檢察官**

單字	さいばんかん 裁判官
拼音	sa.i.ba.n.ka.n.
中譯	**法官**

單字	ほうい 法医
拼音	ho.u.i.
中譯	**法醫**

1
2
3
4
職稱
5

1

2

3

4
職稱

5

單字	こうむいん 公務員
拼音	ko.u.mu.i.n.
中譯	**公務員**

單字	ぎんこういん 銀行員
拼音	gi.n.ko.u.i.n.
中譯	**銀行員**

單字	けんちくし 建築士
拼音	ke.n.chi.ku.shi.
中譯	**建築師**

單字	うんてんしゅ 運転手
拼音	u.n.te.n.shu.
中譯	**司機**

單字	ゆうびんや 郵便屋さん
拼音	yu.u.bi.n.ya.sa.n.
中譯	**郵差**

單字	マネージャー
拼音	ma.ne.e.ja.a.
中譯	**經理、經紀人**

單字	モデル
拼音	mo.de.ru.
中譯	**模特兒**

單字	かしゅ 歌手
拼音	ka.shu.
中譯	**歌手**

單字	げいのうじん 芸能人
拼音	ge.i.no.u.ji.n.
中譯	**藝人**

單字	はいゆう 俳優
拼音	ha.i.yu.u.
中譯	**男演員**

單字	じょゆう 女優
拼音	jo.yu.u.
中譯	**女演員**

單字	ダンサー
拼音	da.n.sa.a.
中譯	**舞者**

單字	かんとく 監督
拼音	ka.n.to.ku.
中譯	**導演**

單字	きゃくほんか 脚本家
拼音	kya.ku.ho.n.ka.
中譯	**編劇**

1

2

3

4
職稱

5

單字	カメラマン	
拼音	ka.me.ra.ma.n.	
中譯	**攝影師**	

單字	パパラッチ	
拼音	pa.pa.ra.cchi.	
中譯	**狗仔隊**	

單字	ボディーガード	
拼音	bo.di.i.ga.a.do.	
中譯	**保鑣**	

單字	ガードマン	
拼音	ga.a.do.ma.n.	
中譯	**警衛**	

單字	パーソナリティー	
拼音	pa.a.so.na.ri.ti.i.	
中譯	**電台主持人**	

單字	さっか 作家	
拼音	sa.kka.	
中譯	**作家**	

單字	がか 画家	
拼音	ga.ka.	
中譯	**畫家**	

單字	きしゃ 記者
拼音	ki.sha.
中譯	**記者**

單字	つうやくしゃ 通訳者
拼音	tsu.u.ya.ku.sha.
中譯	**口譯**

單字	ほんやくしゃ 翻訳者
拼音	ho.n.ya.ku.sha.
中譯	**翻譯**

單字	へんしゅうしゃ 編集者
拼音	he.n.shu.u.sha.
中譯	**編輯**

單字	びようし 美容師
拼音	bi.yo.u.shi.
中譯	**美容師**

單字	りようし 理容師
拼音	ri.yo.u.shi.
中譯	**理髮師**

單字	せんぎょうしゅふ 専業主婦
拼音	se.n.gyo.u.shu.fu.
中譯	**家庭主婦**

1

2

3

4
職稱

5

單字	エレベーターガール
拼音	e.re.be.e.ta.a.ga.a.ru.
中譯	電梯小姐

單字	ガイド
拼音	ga.i.do.
中譯	導遊

單字	きちょう 機長
拼音	ki.cho.u.
中譯	機長

單字	キャビンアテンダント
拼音	kya.bi.n.a.te.n.da.n.to.
中譯	空姐

單字	せんどう 船頭
拼音	se.n.do.u.
中譯	（小船的船長）、船夫

單字	せんちょう 船長
拼音	se.n.cho.u.
中譯	船長

單字	エンジニア
拼音	e.n.ji.ni.a.
中譯	工程師

單字	コック	
拼音	ko.kku.	
中譯	**廚師**	

單字	パン職人	しょくにん
拼音	pa.n.sho.ku.ni.n.	
中譯	**麵包師傅**	

單字	デザイナー	
拼音	de.za.i.na.a.	
中譯	**設計師**	

單字	ライフセーバー	
拼音	ra.i.fu.se.e.ba.a.	
中譯	**救生員**	

單字	コーチ	
拼音	co.o.chi.	
中譯	**教練**	

單字	牧師	ぼくし
拼音	bo.ku.shi.	
中譯	**牧師**	

單字	修道女	しゅうどうじょ
拼音	shu.u.do.u.jo.	
中譯	**修女**	

1

2

3

4
職稱

5

單字	しんぷ 神父
拼音	shi.n.pu.
中譯	**神父**

單字	そうりょ 僧侶
拼音	so.u.ryo.
中譯	**僧侶**

單字	あま 尼
拼音	a.ma.
中譯	**尼姑**

單字	しゃちょう 社長
拼音	sha.cho.u.
中譯	**董事長**

單字	ぶちょう 部長
拼音	bu.cho.u.
中譯	**部長、處長**

單字	かちょう 課長
拼音	ka.cho.u.
中譯	**科長、課長**

單字	アシスタント
拼音	a.shi.su.ta.n.to.
中譯	**助理**

單字	がくせい 学生
拼音	ga.ku.se.i.
中譯	**學生**

單字	こうちょう 校長
拼音	ko.u.cho.u.
中譯	**校長**

單字	ホームレス
拼音	ho.o.mu.re.su.
中譯	**遊民**

單字	はんにん 犯人
拼音	ha.n.ni.
中譯	**犯人**

單字	ようぎしゃ 容疑者
拼音	yo.u.gi.sha.
中譯	**嫌疑犯**

單字	ひがいしゃ 被害者
拼音	hi.ga.i.sha.
中譯	**被害人**

1

2

3

4

單字	せいざ 星座
拼音	se.i.za.
中譯	**星座**

單字	おひつじざ 牡羊座
拼音	o.hi.tsu.ji.za.
中譯	**牡羊座**

單字	おうしざ 牡牛座
拼音	o.u.shi.za.
中譯	**金牛座**

單字	ふたござ 双子座
拼音	fu.ta.go.za.
中譯	**雙子座**

單字	かにざ 蟹座
拼音	ka.ni.za.
中譯	**巨蟹座**

單字	ししざ 獅子座
拼音	shi.shi.za.
中譯	**獅子座**

單字	おとめざ 乙女座
拼音	o.to.me.za.
中譯	**處女座**

單 字	てんびんざ 天秤座
拼 音	te.n.bi.n.za.
中 譯	**天秤座**

單 字	さそりざ 蠍座
拼 音	sa.so.ri.za.
中 譯	**天蠍座**

單 字	いてざ 射手座
拼 音	i.te.za.
中 譯	**射手座**

單 字	やぎざ 山羊座
拼 音	ya.gi.za.
中 譯	**摩羯座**

單 字	みずがめざ 水瓶座
拼 音	mi.zu.ga.me.za.
中 譯	**水瓶座**

單 字	うおざ 魚座
拼 音	u.o.za.
中 譯	**雙魚座**

單 字	けつえきがた 血液型
拼 音	ke.tsu.e.ki.ga.ta.
中 譯	**血型**

1

2

3

4

5
星座血型

單 字	オーがた O 型
拼 音	o.o.ga.ta.
中 譯	**O型**

單 字	エーがた A 型
拼 音	e.e.ga.ta.
中 譯	**A型**

單 字	ビーがた B 型
拼 音	bi.i.ga.ta.
中 譯	**B型**

單 字	エービーがた A B 型
拼 音	e.e.bi.i.ga.ta.
中 譯	**A B型**

A：前髪が伸びたから切りたい。
ma.e.ga.mi.ga.no.bi.ta.ka.ra.ki.ri.ta.i.
瀏海長長了想要剪。

B：本当に長いね。
ho.n.to.u.ni.na.ga.i.ne.
真的好長呢。

A：どうしましたか？
do.u.shi.ma.shi.ta.ka.
怎麼了？

B：足が痛いです。
a.shi.ga.i.ta.i.de.su.
我腳痛。

A：どうしてですか？
do.u.shi.te.de.su.ka.
為什麼？

B：さっき机にぶつかりました。
sa.kki.tsu.ku.e.ni.bu.tsu.ka.ri.ma.shi.ta.
剛剛撞到桌子了。

A：お仕事は？
o.shi.go.to.wa.
您的工作是？

B：大学の先生です。
da.i.ga.ku.no.se.n.se.i.de.su.
大學的老師。

情境會話

A：すみませんが、どなたですか？
su.mi.ma.se.n.ga./do.na.ta.de.su.ka.
不好意思，請問是哪位？

B：私は村上の妹です。
wa.ta.shi.wa.mu.ra.ka.mi.no.i.mo.u.to.de.su.
我是村上的妹妹。

- -

A：どうしたの？
do.u.shi.ta.no.
你怎麼了嗎？

B：私風邪を引いたみたい。
wa.ta.shi.ka.ze.o.hi.i.ta.mi.ta.i.
我好像感冒了。

A：大丈夫？早く病院に行ったほうがいいよ。
da.i.jo.u.bu./ha.ya.ku.byo.u.i.n.ni.i.tta.ho.u.ga.i.i.yo.
沒事吧？趕快去看醫生比較好喔。

2

數字、時間與單位

單字	ゼロ
拼音	ze.ro.
中譯	零

單字	いち 一
拼音	i.chi.
中譯	一

單字	に 二
拼音	ni.
中譯	二

單字	さん 三
拼音	sa.n.
中譯	三

單字	よん し 四／四
拼音	yo.n./shi.
中譯	四

單字	ご 五
拼音	go.
中譯	五

單字	ろく 六
拼音	ro.ku.
中譯	六

單 字	しち なな 七／七
拼 音	shi.chi./na.na.
中 譯	七

單 字	はち 八
拼 音	ha.chi.
中 譯	八

單 字	きゅう く 九／九
拼 音	kyu.u./ku.
中 譯	九

單 字	じゅう 十
拼 音	ju.u.
中 譯	十

單 字	じゅういち 十一
拼 音	ju.u.i.chi.
中 譯	十一

單 字	じゅうに 十二
拼 音	ju.u.ni.
中 譯	十二

單 字	じゅうさん 十三
拼 音	ju.u.sa.n.
中 譯	十三

單字	じゅうよん 十四
拼音	ju.u.yo.n.
中譯	十四

單字	じゅうご 十五
拼音	ju.u.go.
中譯	十五

單字	じゅうろく 十六
拼音	ju.u.ro.ku.
中譯	十六

單字	じゅうしち 十七
拼音	ju.u.shi.chi.
中譯	十七

單字	じゅうはち 十八
拼音	ju.u.ha.chi.
中譯	十八

單字	じゅうきゅう 十九
拼音	ju.u.kyu.u.
中譯	十九

單字	にじゅう 二十
拼音	ni.ju.u.
中譯	二十

單 字	さんじゅう 三十
拼 音	sa.n.ju.u.
中 譯	三十

單 字	よんじゅう 四十
拼 音	yo.n.ju.u.
中 譯	四十

單 字	ごじゅう 五十
拼 音	go.ju.u.
中 譯	五十

單 字	ろくじゅう 六十
拼 音	ro.ku.ju.u.
中 譯	六十

單 字	ななじゅう 七十
拼 音	na.na.ju.u.
中 譯	七十

單 字	はちじゅう 八十
拼 音	ha.chi.ju.u.
中 譯	八十

單 字	きゅうじゅう 九十
拼 音	kyu.u.ju.u.
中 譯	九十

1 數字

2

3

4

單字	ひゃく 百
拼音	hya.ku.
中譯	**百**

單字	にひゃく 二百
拼音	ni.hya.ku.
中譯	**兩百**

單字	さんびゃく 三百
拼音	sa.n.bya.ku.
中譯	**三百**

單字	よんひゃく 四百
拼音	yo.n.hya.ku.
中譯	**四百**

單字	ごひゃく 五百
拼音	go.hya.ku.
中譯	**五百**

單字	ろっぴゃく 六百
拼音	ro.ppya.ku.
中譯	**六百**

單字	ななひゃく 七百
拼音	na.na.hya.ku.
中譯	**七百**

2

3

4

單 字	^{はっぴゃく}八百
拼 音	ha.ppya.ku.
中 譯	八百

單 字	^{きゅうひゃく}九百
拼 音	kyu.u.hya.ku.
中 譯	九百

單 字	^{せん}千
拼 音	se.n.
中 譯	千

單 字	^{にせん}二千
拼 音	ni.se.n.
中 譯	兩千

單 字	^{さんぜん}三千
拼 音	sa.n.ze.n.
中 譯	三千

單 字	^{よんせん}四千
拼 音	yo.n.se.n.
中 譯	四千

單 字	^{ごせん}五千
拼 音	go.se.n.
中 譯	五千

1 數字

2

3

4

單字	ろくせん 六千
拼音	ro.ku.se.n.
中譯	六千

單字	ななせん 七千
拼音	na.na.se.n.
中譯	七千

單字	はっせん 八千
拼音	ha.sse.n.
中譯	八千

單字	きゅうせん 九千
拼音	kyu.u.se.n.
中譯	九千

單字	まん 万
拼音	ma.n.
中譯	萬

單字	いっせんまん 一千万
拼音	i.sse.n.ma.n.
中譯	一千萬

單字	いちおく 一億
拼音	i.chi.o.ku.
中譯	一億

單 字	じかん 時間
拼 音	ji.ka.n.
中 譯	**時間**

單 字	いちじ 一時
拼 音	i.chi.ji.
中 譯	**一點**

單 字	にじ 二時
拼 音	ni.ji.
中 譯	**兩點**

單 字	さんじ 三時
拼 音	sa.n.ji.
中 譯	**三點**

單 字	よじ 四時
拼 音	yo.ji.
中 譯	**四點**

單 字	ごじ 五時
拼 音	go.ji.
中 譯	**五點**

單 字	ろくじ 六時
拼 音	ro.ku.ji.
中 譯	**六點**

1

2
時間

3

4

單字	しちじ 七時
拼音	shi.chi.ji.
中譯	七點

單字	はちじ 八時
拼音	ha.chi.ji.
中譯	八點

單字	くじ 九時
拼音	ku.ji.
中譯	九點

單字	じゅうじ 十時
拼音	ju.u.ji.
中譯	十點

單字	じゅういちじ 十一時
拼音	ju.u.i.chi.ji.
中譯	十一點

單字	じゅうにじ 十二時
拼音	ju.u.ni.ji.
中譯	十二點

單字	いっぷん 一分
拼音	i.ppu.n.
中譯	一分

單字	にふん 二分
拼音	ni.fu.n.
中譯	**兩分**

單字	さんぷん 三分
拼音	sa.n.pu.n.
中譯	**三分**

單字	よんぷん 四分
拼音	yo.n.pu.n.
中譯	**四分**

單字	ごふん 五分
拼音	go.fu.n.
中譯	**五分**

單字	ろっぷん 六分
拼音	ro.ppu.n.
中譯	**六分**

單字	しちふん 七分
拼音	shi.chi.fu.n.
中譯	**七分**

單字	はちふん 八分
拼音	ha.chi.fu.n.
中譯	**八分**

1

2
時間

3

4

1

3

4

單 字	きゅうふん 九分
拼 音	kyu.u.fu.n.
中 譯	九分

單 字	じゅっぷん 十分
拼 音	ju.ppu.n.
中 譯	十分

單 字	じゅういっぷん 十一分
拼 音	ju.u.i.ppu.n.
中 譯	十一分

單 字	じゅうにふん 十二分
拼 音	ju.u.ni.fu.n.
中 譯	十二分

單 字	じゅうさんぷん 十三分
拼 音	ju.u.sa.n.pu.n.
中 譯	十三分

單 字	じゅうよんぷん 十四分
拼 音	ju.u.yo.n.pu.n.
中 譯	十四分

單 字	じゅうごふん 十五分
拼 音	ju.u.go.fu.n.
中 譯	十五分

單字	<ruby>十六分<rt>じゅうろっぷん</rt></ruby>
拼音	ju.u.ro.ppu.n.
中譯	**十六分**

單字	<ruby>十七分<rt>じゅうななふん</rt></ruby>
拼音	ju.u.na.na.fu.n.
中譯	**十七分**

單字	<ruby>十八分<rt>じゅうはちふん</rt></ruby>
拼音	ju.u.ha.chi.fu.n.
中譯	**十八分**

單字	<ruby>十九分<rt>じゅうきゅうふん</rt></ruby>
拼音	ju.u.kyu.u.fu.n.
中譯	**十九分**

單字	<ruby>二十分<rt>にじゅっぷん</rt></ruby>
拼音	ni.ju.ppu.n.
中譯	**二十分**

單字	<ruby>三十分<rt>さんじゅっぷん</rt></ruby>
拼音	sa.n.ju.ppu.n.
中譯	**三十分**

單字	<ruby>四十分<rt>よんじゅっぷん</rt></ruby>
拼音	yo.n.ju.ppu.n.
中譯	**四十分**

1

2
時間

3

4

單 字	<ruby>五十分<rt>ごじゅっぷん</rt></ruby>
拼 音	go.ju.ppu.n.
中 譯	五十分

單 字	<ruby>六十分<rt>ろくじゅっぷん</rt></ruby>
拼 音	ro.ku.ju.ppu.n.
中 譯	六十分

單 字	<ruby>一月<rt>いちがつ</rt></ruby>
拼 音	i.chi.ga.tsu.
中 譯	一月

單 字	<ruby>二月<rt>にがつ</rt></ruby>
拼 音	ni.ga.tsu.
中 譯	二月

單 字	<ruby>三月<rt>さんがつ</rt></ruby>
拼 音	sa.n.ga.tsu.
中 譯	三月

單 字	<ruby>四月<rt>しがつ</rt></ruby>
拼 音	shi.ga.tsu.
中 譯	四月

單 字	<ruby>五月<rt>ごがつ</rt></ruby>
拼 音	go.ga.tsu.
中 譯	五月

單 字	ろくがつ 六月
拼 音	ro.ku.ga.tsu.
中 譯	六月

單 字	しちがつ 七月
拼 音	shi.chi.ga.tsu.
中 譯	七月

單 字	はちがつ 八月
拼 音	ha.chi.ga.tsu.
中 譯	八月

單 字	くがつ 九月
拼 音	ku.ga.tsu.
中 譯	九月

單 字	じゅうがつ 十月
拼 音	ju.u.ga.tsu.
中 譯	十月

單 字	じゅういちがつ 十一月
拼 音	ju.u.i.chi.ga.tsu.
中 譯	十一月

單 字	じゅうにがつ 十二月
拼 音	ju.u.ni.ga.tsu.
中 譯	十二月

1

2 時間

3

4

		ついたち 一日
單	字	tsu.i.ta.chi.
拼	音	
中	譯	一日

		ふつか 二日
單	字	fu.tsu.ka.
拼	音	
中	譯	二日

		みっか 三日
單	字	mi.kka.
拼	音	
中	譯	三日

		よっか 四日
單	字	yo.kka.
拼	音	
中	譯	四日

		いつか 五日
單	字	i.tsu.ka.
拼	音	
中	譯	五日

		むいか 六日
單	字	mu.i.ka.
拼	音	
中	譯	六日

		なのか 七日
單	字	na.no.ka.
拼	音	
中	譯	七日

單字	ようか 八日
拼音	yo.u.ka.
中譯	八日

單字	ここのか 九日
拼音	ko.ko.no.ka.
中譯	九日

單字	とおか 十日
拼音	to.o.ka.
中譯	十日

單字	じゅういちにち 十一日
拼音	ju.u.i.chi.ni.chi.
中譯	十一日

單字	じゅうににち 十二日
拼音	ju.u.ni.ni.chi.
中譯	十二日

單字	じゅうさんにち 十三日
拼音	ju.u.sa.n.ni.chi.
中譯	十三日

單字	じゅうよっか 十四日
拼音	ju.u.yo.kka.
中譯	十四日

單字	じゅうごにち 十五日
拼音	ju.u.go.ni.chi.
中譯	十五日

單字	じゅうろくにち 十六日
拼音	ju.u.ro.ku.ni.chi.
中譯	十六日

單字	じゅうしちにち 十七日
拼音	ju.u.shi.chi.ni.chi.
中譯	十七日

單字	じゅうはちにち 十八日
拼音	ju.u.ha.chi.ni.chi.
中譯	十八日

單字	じゅうくにち 十九日
拼音	ju.u.ku.ni.chi.
中譯	十九日

單字	はつか 二十日
拼音	ha.tsu.ka.
中譯	二十日

單字	にじゅういちにち 二十一日
拼音	ni.ju.u.i.chi.ni.chi.
中譯	二十一日

單 字	にじゅうににち 二十二日
拼 音	ni.ju.u.ni.ni.chi.
中 譯	二十二日

單 字	にじゅうさんにち 二十三日
拼 音	ni.ju.u.sa.n.ni.chi.
中 譯	二十三日

單 字	にじゅうよっか 二十四日
拼 音	ni.ju.u.yo.kka.
中 譯	二十四日

單 字	にじゅうごにち 二十五日
拼 音	ni.ju.u.go.ni.chi.
中 譯	二十五日

單 字	にじゅうろくにち 二十六日
拼 音	ni.ju.u.ro.ku.ni.chi.
中 譯	二十六日

單 字	にじゅうしちにち 二十七日
拼 音	ni.ju.u.shi.chi.ni.chi.
中 譯	二十七日

單 字	にじゅうはちにち 二十八日
拼 音	ni.ju.u.ha.chi.ni.chi.
中 譯	二十八日

單字	にじゅうくにち 二十九日	
拼音	ni.ju.u.ku.ni.chi.	
中譯	**二十九日**	

單字	さんじゅうにち 三十日	
拼音	sa.n.ju.u.ni.chi.	
中譯	**三十日**	

單字	さんじゅういちにち 三十一日	
拼音	sa.n.ju.u.i.chi.ni.chi.	
中譯	**三十一日**	

單字	げつようび 月曜日	
拼音	ge.tsu.yo.u.bi.	
中譯	**星期一**	

單字	か ようび 火曜日	
拼音	ka.yo.u.bi.	
中譯	**星期二**	

單字	すいようび 水曜日	
拼音	su.i.yo.u.bi.	
中譯	**星期三**	

單字	もくようび 木曜日	
拼音	mo.ku.yo.u.bi.	
中譯	**星期四**	

1

2
時間

3

4

單 字	きんようび 金曜日
拼 音	ki.n.yo.u.bi.
中 譯	**星期五**

單 字	どようび 土曜日
拼 音	do.yo.u.bi.
中 譯	**星期六**

單 字	にちようび 日曜日
拼 音	ni.chi.yo.u.bi.
中 譯	**星期日**

單 字	あさ 朝
拼 音	a.sa.
中 譯	**早上**

單 字	よる 夜
拼 音	yo.ru.
中 譯	**晚上**

單 字	ごぜん 午前
拼 音	go.ze.n.
中 譯	**上午**

單 字	ごご 午後
拼 音	go.go.
中 譯	**下午**

1

2 時間

單 字	<ruby>一昨日<rt>おととい</rt></ruby>
拼 音	o.to.to.i.
中 譯	**前天**

單 字	<ruby>昨日<rt>きのう</rt></ruby>
拼 音	ki.no.u.
中 譯	**昨天**

3

單 字	<ruby>今日<rt>きょう</rt></ruby>
拼 音	kyo.u.
中 譯	**今天**

4

單 字	<ruby>明日<rt>あした</rt></ruby>
拼 音	a.shi.ta.
中 譯	**明天**

單 字	<ruby>明後日<rt>あさって</rt></ruby>
拼 音	a.sa.tte.
中 譯	**後天**

單 字	<ruby>先週<rt>せんしゅう</rt></ruby>
拼 音	se.n.shu.u.
中 譯	**上周**

單 字	<ruby>今週<rt>こんしゅう</rt></ruby>
拼 音	ko.n.shu.u.
中 譯	**這周**

1

3

4

單字	<ruby>来週<rt>らいしゅう</rt></ruby>
拼音	ra.i.shu.u.
中譯	**下周**

單字	<ruby>先月<rt>せんげつ</rt></ruby>
拼音	se.n.ge.tsu.
中譯	**上個月**

單字	<ruby>今月<rt>こんげつ</rt></ruby>
拼音	ko.n.ge.tsu.
中譯	**這個月**

單字	<ruby>来月<rt>らいげつ</rt></ruby>
拼音	ra.i.ge.tsu.
中譯	**下個月**

單字	<ruby>去年<rt>きょねん</rt></ruby>
拼音	kyo.ne.n.
中譯	**去年**

單字	<ruby>今年<rt>ことし</rt></ruby>
拼音	ko.to.shi.
中譯	**今年**

單字	<ruby>来年<rt>らいねん</rt></ruby>
拼音	ra.i.ne.n.
中譯	**明年**

1

2

3
金錢

4

單字	いちえん 一円
拼音	i.chi.e.n.
中譯	**一日圓**

單字	ごえん 五円
拼音	go.e.n.
中譯	**五日圓**

單字	じゅうえん 十円
拼音	ju.u.e.n.
中譯	**十日圓**

單字	ひゃくえん 百円
拼音	hya.ku.e.n.
中譯	**一百日圓**

單字	ごひゃくえん 五百円
拼音	go.hya.ku.e.n.
中譯	**五百日圓**

單字	せんえん 千円
拼音	se.n.e.n.
中譯	**一千日圓**

單字	いちまんえん 一万円
拼音	i.chi.ma.n.e.n.
中譯	**一萬日圓**

單字	ひとり 一人
拼音	hi.to.ri.
中譯	**一人**

單字	ふたり 二人
拼音	fu.ta.ri.
中譯	**兩人**

單字	さんにん 三人
拼音	sa.n.ni.n.
中譯	**三人**

單字	よにん 四人
拼音	yo.ni.n.
中譯	**四人**

單字	ごにん 五人
拼音	go.ni.n.
中譯	**五人**

單字	ろくにん 六人
拼音	ro.ku.ni.n.
中譯	**六人**

單字	しちにん 七人
拼音	shi.chi.ni.n.
中譯	**七人**

單 字	はちにん 八人
拼 音	ha.chi.ni.n.
中 譯	**八人**

單 字	きゅうにん 九人
拼 音	kyu.u.ni.n.
中 譯	**九人**

單 字	じゅうにん 十人
拼 音	ju.u.ni.n.
中 譯	**十人**

單 字	ひと 一つ
拼 音	hi.to.tsu.
中 譯	**一個**

單 字	ふた 二つ
拼 音	fu.ta.tsu.
中 譯	**兩個**

單 字	みっ 三つ
拼 音	mi.ttsu.
中 譯	**三個**

單 字	よっ 四つ
拼 音	yo.ttsu.
中 譯	**四個**

單 字	いつ 五つ
拼 音	i.tsu.tsu.
中 譯	**五個**

單 字	むっ 六つ
拼 音	mu.ttsu.
中 譯	**六個**

單 字	なな 七つ
拼 音	na.na.tsu.
中 譯	**七個**

單 字	やっ 八つ
拼 音	ya.ttsu.
中 譯	**八個**

單 字	ここの 九つ
拼 音	ko.ko.no.tsu.
中 譯	**九個**

單 字	とお 十
拼 音	to.o.
中 譯	**十個**

單 字	いっこ 一個
拼 音	i.kko.
中 譯	**一個**

1

2

3

4 各種單位

單字	いっぴき 一匹
拼音	i.ppi.ki.
中譯	**一隻**

單字	いっぽん 一本
拼音	i.ppo.n.
中譯	**一枝、一株、一把**

單字	いちまい 一枚
拼音	i.chi.ma.i.
中譯	**一張、一件**

單字	いっさつ 一冊
拼音	i.ssa.tsu.
中譯	**一本**

單字	いっそく 一足
拼音	i.sso.ku.
中譯	**一雙**

單字	ひとはこ　いっぱこ 一箱／一箱
拼音	hi.to.ha.ko./i.ppa.ko.
中譯	**一箱**

單字	いちだい 一台
拼音	i.chi.da.i.
中譯	**一台**

單字	いっけん 一軒
拼音	i.kke.n.
中譯	**一棟**

單字	いっかい 一階
拼音	i.kka.i.
中譯	**一樓**

單字	いっかい 一回
拼音	i.kka.i.
中譯	**一次**

單字	さい 歳
拼音	sa.i.
中譯	**歲**

單字	センチ
拼音	se.n.chi.
中譯	**公分**

單字	メートル
拼音	me.e.to.ru.
中譯	**公尺**

單字	キロメートル
拼音	ki.ro.me.e.to.ru.
中譯	**公里**

1

2

3

4
各種單位

單 字	グラム
拼 音	gu.ra.mu.
中 譯	公克

單 字	キログラム
拼 音	ki.ro.gu.ra.mu.
中 譯	公斤

單 字	シーシー ＣＣ
拼 音	shi.i.shi.i.
中 譯	毫升

單 字	リットル
拼 音	ri.tto.ru.
中 譯	公升

A：今何時ですか？
i.ma.na.n.ji.de.su.ka.
現在幾點？

B：三時二十分です。
sa.n.ji.ni.ju.ppu.n.de.su.
三點二十分。

A：すみません…
su.mi.ma.se.n.
不好意思……

B：はい。
ha.i.
是。

A：この靴はいくらですか？
ko.no.ku.tsu.wa.i.ku.ra.de.su.ka.
這雙鞋多少錢？

B：二千五百円です。
ni.se.n.go.hya.ku.e.n.de.su.
兩千五百日圓。

A：今日は何曜日ですか？
kyo.u.wa.na.n.yo.u.bi.de.su.ka.
今天是星期幾？

B：水曜日ですよ。
su.i.yo.u.bi.de.su.yo.
是星期三喔。

情境會話

A：おいくつですか？
o.i.ku.tsu.de.su.ka.
請問你現在幾歲？

B：十六歳です。
じゅうろくさい
ju.u.ro.ku.sa.i.de.su.
十六歲。

- -

A：いつ帰りますか？
かえ
i.tsu.ka.e.ri.ma.su.ka.
甚麼時候要回去？

B：来週の土曜日です。
らいしゅう　　どようび
ra.i.shu.u.no.do.yo.u.bi.de.su.
下個星期六。

3

生活環境及用品

單字	あさごはん 朝御飯
拼音	a.sa.go.ha.n.
中譯	早餐

單字	ひるごはん 昼御飯
拼音	hi.ru.go.ha.n.
中譯	午餐

單字	ばんごはん 晩御飯
拼音	ba.n.go.ha.n.
中譯	晚餐

單字	ごはん 御飯
拼音	go.ha.n.
中譯	白飯

單字	みそしる 味噌汁
拼音	mi.so.shi.ru.
中譯	味噌湯

單字	つけもの 漬物
拼音	tsu.ke.mo.no.
中譯	醬菜

單字	なっとう 納豆
拼音	na.tto.u.
中譯	納豆

單字	おにぎり
拼音	o.ni.gi.ri.
中譯	**飯糰**

單字	寿司
拼音	su.shi.
中譯	**壽司**

單字	手巻き寿司
拼音	te.ma.ki.zu.shi.
中譯	**手捲壽司**

單字	散らし寿司
拼音	chi.ra.shi.zu.shi.
中譯	**散壽司**

單字	いなり寿司
拼音	i.na.ri.zu.shi.
中譯	**豆皮壽司**

單字	刺身
拼音	sa.shi.mi.
中譯	**生魚片**

單字	うどん
拼音	u.do.n.
中譯	**烏龍麵**

單字	蕎麦 （そば）
拼音	so.ba.
中譯	**蕎麥麵**

單字	カレーライス
拼音	ka.re.e.ra.i.su.
中譯	**咖哩飯**

單字	ラーメン
拼音	ra.a.me.n.
中譯	**拉麵**

單字	チャーハン
拼音	cha.a.ha.n.
中譯	**炒飯**

單字	ショウロンポウ
拼音	sho.u.ro.n.po.u.
中譯	**小籠包**

單字	焼き餃子 （やぎょうざ）
拼音	ya.ki.gyo.u.za.
中譯	**煎餃**

單字	唐揚げ （からあげ）
拼音	ka.ra.a.ge.
中譯	**炸雞**

1
食物

單字	すき焼き
拼音	su.ki.ya.ki.
中譯	**壽喜燒**

單字	お好み焼き
拼音	o.ko.no.mi.ya.ki.
中譯	**什錦燒**

單字	たこ焼き
拼音	ta.ko.ya.ki.
中譯	**章魚燒**

單字	鯛焼き
拼音	ta.i.ya.ki.
中譯	**鯛魚燒**

單字	もつ鍋
拼音	mo.tsu.na.be.
中譯	**牛腸鍋**

單字	おでん
拼音	o.de.n.
中譯	**關東煮**

單字	ビビンバ
拼音	bi.bi.n.ba.
中譯	**韓式拌飯**

2

3

4

5

6

7

8

9

MP3 Track 046

單字	チヂミ
拼音	chi.ji.mi.
中譯	韓式煎餅

單字	トッポッギ
拼音	to.ppo.ggi.
中譯	辣炒年糕

單字	キムチ
拼音	ki.mu.chi.
中譯	泡菜

單字	サラダ
拼音	sa.ra.da.
中譯	沙拉

單字	コロッケ
拼音	ko.ro.kke.
中譯	可樂餅

單字	フライドポテト
拼音	fu.ra.i.do.po.te.to.
中譯	薯條

單字	ハンバーグ
拼音	ha.n.ba.a.gu.
中譯	漢堡排

單字	ハンバーガー
拼音	ha.n.ba.a.ga.a.
中譯	漢堡

單字	ライスバーガー
拼音	ra.i.su.ba.a.ga.a
中譯	米漢堡

單字	サンドイッチ
拼音	sa.n.do.i.cchi.
中譯	三明治

單字	パスタ
拼音	pa.su.ta.
中譯	義大利麵

單字	ピザ
拼音	pi.za.
中譯	披薩

單字	オムライス
拼音	o.mu.ra.i.su.
中譯	蛋包飯

單字	ソーセージ
拼音	so.o.se.e.ji.
中譯	香腸

2
3
4
5
6
7
8
9

1 食物

2

3

4

5

6

7

8

9

單字	ホットドッグ
拼音	ho.tto.do.ggu.
中譯	**熱狗**

單字	ハム
拼音	ha.mu.
中譯	**火腿**

單字	ベーコン
拼音	be.e.ko.n.
中譯	**培根**

單字	インスタントラーメン
拼音	i.n.su.ta.n.to.ra.a.me.n.
中譯	**泡麵**

單字	デザート
拼音	de.za.a.to.
中譯	**甜點**

單字	ケーキ
拼音	ke.e.ki.
中譯	**蛋糕**

單字	スポンジケーキ
拼音	su.po.n.ji.ke.e.ki.
中譯	**海綿蛋糕**

1
食物

單 字	パン
拼 音	pa.n.
中 譯	**麵包**

單 字	ベーグル
拼 音	be.e.gu.ru.
中 譯	**貝果**

2

3

單 字	ジャム
拼 音	ja.mu.
中 譯	**果醬**

4

單 字	なま 生クリーム
拼 音	na.ma.ku.ri.i.mu.
中 譯	**鮮奶油**

5

單 字	バター
拼 音	ba.ta.a.
中 譯	**奶油**

6

7

單 字	チーズ
拼 音	chi.i.zu.
中 譯	**起司**

8

單 字	プリン
拼 音	pu.ri.n.
中 譯	**布丁**

9

1 食物

單字	ゼリー
拼音	ze.ri.i.
中譯	**果凍**

2

單字	ワッフル
拼音	wa.ffu.ru.
中譯	**鬆餅**

3

單字	シュークリーム
拼音	shu.u.ku.ri.i.mu.
中譯	**泡芙**

4

5

單字	エッグタルト
拼音	e.ggu.ta.ru.to.
中譯	**蛋塔**

6

單字	パフェ
拼音	pa.fe.
中譯	**芭菲**

7

8

單字	アイスクリーム
拼音	a.i.su.ku.ri.i.mu.
中譯	**冰淇淋**

9

單字	チョコレート
拼音	cho.ko.re.e.to.
中譯	**巧克力**

單 字	パイナップルケーキ
拼 音	pa.i.na.ppu.ru.ke.e.ki.
中 譯	**鳳梨酥**

單 字	クレープ
拼 音	ku.re.e.pu.
中 譯	**可麗餅**

單 字	ソース
拼 音	so.o.su.
中 譯	**醬汁**

單 字	醤油 しょうゆ
拼 音	sho.u.yu.
中 譯	**醬油**

單 字	山葵 わさび
拼 音	wa.sa.bi.
中 譯	**山葵菜**

單 字	酢 す
拼 音	su.
中 譯	**醋**

單 字	マヨネーズ
拼 音	ma.yo.ne.e.zu.
中 譯	**美乃滋**

1
食物

單字	ケチャップ
拼音	ke.cha.ppu.
中譯	番茄醬

單字	マスタード
拼音	ma.su.ta.a.do.
中譯	芥末醬

單字	こしょう 胡椒
拼音	ko.sho.u.
中譯	胡椒

單字	しお 塩
拼音	shi.o.
中譯	鹽

單字	さとう 砂糖
拼音	sa.to.u.
中譯	糖

單字	ピクルス
拼音	pi.ku.ru.su.
中譯	酸黃瓜

單字	みず 水
拼音	mi.zu.
中譯	水

2
3
4
5
6
7
8
9

098

單字	こおり 氷
拼音	ko.o.ri.
中譯	冰

單字	ドリンク
拼音	do.ri.n.ku.
中譯	飲料

單字	コーヒー
拼音	ko.o.hi.i.
中譯	咖啡

單字	オレンジジュース
拼音	o.re.n.ji.ju.u.su.
中譯	柳橙汁

單字	まっちゃ 抹茶
拼音	ma.ccha.
中譯	抹茶

單字	こうちゃ 紅茶
拼音	ko.u.cha.
中譯	紅茶

單字	りょくちゃ 緑茶
拼音	ryo.ku.cha.
中譯	緑茶

1 食物

2

3

4

5

6

7

8

9

單字	<ruby>麦茶<rt>むぎちゃ</rt></ruby>
拼音	mu.gi.cha.
中譯	**麥茶**

單字	ウーロン<ruby>茶<rt>ちゃ</rt></ruby>
拼音	u.u.ro.n.cha.
中譯	**烏龍茶**

單字	ミルク
拼音	mi.ru.ku.
中譯	**牛奶**

單字	ミルクティー
拼音	mi.ru.ku.ti.i.
中譯	**奶茶**

單字	タピオカミルクティー
拼音	ta.pi.o.ka.mi.ru.ku.ti.i.
中譯	**珍珠奶茶**

單字	カルピス
拼音	ka.ru.pi.su.
中譯	**可爾必思**

單字	<ruby>炭酸飲料<rt>たんさんいんりょう</rt></ruby>
拼音	ta.n.sa.n.i.n.ryo.u.
中譯	**碳酸飲料**

單字	ビール
拼音	bi.i.ru.
中譯	**啤酒**

單字	なま 生ビール
拼音	na.ma.bi.i.ru.
中譯	**生啤酒**

單字	ワイン
拼音	wa.i.n.
中譯	**葡萄酒**

單字	にほんしゅ 日本酒
拼音	ni.ho.n.shu.
中譯	**日本酒**

單字	うめしゅ 梅酒
拼音	u.me.shu.
中譯	**梅酒**

單字	たまご 卵
拼音	ta.ma.go.
中譯	**雞蛋**

單字	とうふ 豆腐
拼音	to.u.fu.
中譯	**豆腐**

1 食物

單字	こんにゃく 蒟蒻
拼音	ko.n.nya.ku.
中譯	**蒟蒻**

單字	ぎゅうにく 牛肉
拼音	gyu.u.ni.ku.
中譯	**牛肉**

2

3

單字	ぶたにく 豚肉
拼音	bu.ta.ni.ku.
中譯	**豬肉**

4

單字	ラム
拼音	ra.mu.
中譯	**羊肉**

5

單字	とりにく 鶏肉
拼音	to.ri.ni.ku.
中譯	**肌肉**

6

單字	てばさき 手羽先
拼音	te.ba.sa.ki.
中譯	**雞翅**

7

8

單字	フカヒレ
拼音	fu.ka.hi.re.
中譯	**魚翅**

9

單字	さんま 秋刀魚
拼音	sa.n.ma.
中譯	**秋刀魚**

單字	まぐろ 鮪
拼音	ma.gu.ro.
中譯	**鮪魚**

單字	しゃけ 鮭
拼音	sha.ke.
中譯	**鮭魚**

單字	うなぎ 鰻
拼音	u.na.gi.
中譯	**鰻魚**

單字	いか 烏賊
拼音	i.ka.
中譯	**烏賊**

單字	えび 海老
拼音	e.bi.
中譯	**蝦子**

單字	かに 蟹
拼音	ka.ni.
中譯	**螃蟹**

1 食物

2
3
4
5
6
7
8
9

單 字	かき 牡蠣
拼 音	ka.ki.
中 譯	**蚵仔**

單 字	はまぐり 蛤
拼 音	ha.ma.gu.ri.
中 譯	**蛤蠣**

單 字	あさり 浅蜊
拼 音	a.sa.ri.
中 譯	**蛤仔**

單 字	うに
拼 音	u.ni.
中 譯	**海膽**

單 字	いくら
拼 音	i.ku.ra.
中 譯	**鮭魚卵**

單 字	めんたいこ 明太子
拼 音	me.n.ta.i.ko.
中 譯	**明太子**

單 字	えのき
拼 音	e.no.ki.
中 譯	**金針菇**

單 字	きのこ
拼 音	ki.no.ko.
中 譯	蘑菇

單 字	しいたけ
拼 音	shi.i.ta.ke.
中 譯	香菇

單 字	野菜（やさい）
拼 音	ya.sa.i.
中 譯	蔬菜

單 字	人参（にんじん）
拼 音	ni.n.ji.n.
中 譯	紅蘿蔔

單 字	茄子（なす）
拼 音	na.su.
中 譯	茄子

單 字	玉蜀黍（とうもろこし）
拼 音	to.u.mo.ro.ko.shi.
中 譯	玉米

單 字	かぼちゃ
拼 音	ka.bo.cha.
中 譯	南瓜

1 食物

2
3
4
5
6
7
8
9

單字	だいこん 大根
拼音	da.i.ko.n.
中譯	白蘿蔔

單字	きゅうり
拼音	kyu.u.ri.
中譯	小黃瓜

單字	とうがらし 唐辛子
拼音	to.u.ga.ra.shi.
中譯	辣椒

單字	しょうが 生姜
拼音	sho.u.ga.
中譯	薑

單字	にんにく 大蒜
拼音	ni.n.ni.ku.
中譯	大蒜

單字	もやし
拼音	mo.ya.shi.
中譯	豆芽菜

單字	にら 韮
拼音	ni.ra.
中譯	韭菜

單字	<ruby>玉葱<rt>たまねぎ</rt></ruby>
拼音	ta.ma.ne.gi.
中譯	洋蔥

單字	<ruby>葱<rt>ねぎ</rt></ruby>
拼音	ne.gi.
中譯	蔥

單字	<ruby>芋<rt>いも</rt></ruby>
拼音	i.mo.
中譯	芋頭

單字	<ruby>山芋<rt>やまいも</rt></ruby>
拼音	ya.ma.i.mo.
中譯	山藥

單字	じゃがいも
拼音	ja.ga.i.mo.
中譯	馬鈴薯

單字	<ruby>薩摩芋<rt>さつまいも</rt></ruby>
拼音	sa.tsu.ma.i.mo.
中譯	紅薯

單字	<ruby>白菜<rt>はくさい</rt></ruby>
拼音	ha.ku.sa.i.
中譯	白菜

1 食物

單字	レタス
拼音	re.ta.su.
中譯	萵苣

單字	キャベツ
拼音	kya.be.tsu.
中譯	高麗菜

單字	ピーマン
拼音	pi.i.ma.n.
中譯	青椒

單字	アスパラガス
拼音	a.su.pa.ra.ga.su.
中譯	蘆筍

單字	竹の子
拼音	ta.ke.no.ko.
中譯	竹筍

單字	のり
拼音	no.ri.
中譯	海苔、紫菜

單字	若芽
拼音	wa.ka.me.
中譯	海帶芽

單 字	セロリ
拼 音	se.ro.ri.
中 譯	芹菜

單 字	クウシンサイ
拼 音	ku.u.shi.n.sa.i.
中 譯	空心菜

單 字	カリフラワー
拼 音	ka.ri.fu.ra.wa.a.
中 譯	花椰菜

單 字	ブロッコリー
拼 音	bu.ro.kko.ri.i.
中 譯	綠色花椰菜

單 字	<ruby>果物<rt>くだもの</rt></ruby>
拼 音	ku.da.mo.no.
中 譯	水果

單 字	りんご
拼 音	ri.n.go.
中 譯	蘋果

單 字	バナナ
拼 音	ba.na.na.
中 譯	香蕉

1
食物

單 字	オレンジ
拼 音	o.re.n.ji.
中 譯	柳橙

單 字	メロン
拼 音	me.ro.n.
中 譯	香瓜、甜瓜

單 字	マンゴー
拼 音	ma.n.go.o.
中 譯	芒果

單 字	パパイア
拼 音	pa.pa.i.a.
中 譯	木瓜

單 字	グアバ
拼 音	gu.a.ba.
中 譯	芭樂

單 字	グレープフルーツ
拼 音	gu.re.e.pu.fu.ru.u.tsu.
中 譯	葡萄柚

單 字	キウイフルーツ
拼 音	ki.u.i.fu.ru.u.tsu.
中 譯	奇異果

單 字	ライチ
拼 音	ra.i.chi.
中 譯	荔枝

單 字	トマト
拼 音	to.ma.to.
中 譯	蕃茄

單 字	プチトマト
拼 音	pu.chi.to.ma.to.
中 譯	小蕃茄

單 字	パイナップル
拼 音	pa.i.na.ppu.ru.
中 譯	鳳梨

單 字	ぶどう 葡萄
拼 音	bu.do.u.
中 譯	葡萄

單 字	すいか 西瓜
拼 音	su.i.ka.
中 譯	西瓜

單 字	なし 梨
拼 音	na.shi.
中 譯	梨子

單字	もも 桃
拼音	mo.mo.
中譯	桃子

單字	いちご 苺
拼音	i.chi.go.
中譯	草莓

單字	みかん
拼音	mi.ka.n.
中譯	橘子

單字	かき 柿
拼音	ka.ki.
中譯	柿子

單字	ゆ ず 柚子
拼音	yu.zu.
中譯	柚子

單字	さとうきび
拼音	sa.to.u.ki.bi.
中譯	甘蔗

單字	ドリアン
拼音	do.ri.a.n.
中譯	榴槤

單字	ふく 服
拼音	fu.ku.
中譯	**衣服**

單字	うわぎ 上着
拼音	u.wa.gi.
中譯	**上衣、外衣**

單字	したぎ 下着
拼音	shi.ta.gi.
中譯	**內衣**

單字	セーター
拼音	se.e.ta.a.
中譯	**毛衣**

單字	シャツ
拼音	sha.tsu.
中譯	**襯衫**

單字	ティー Tシャツ
拼音	ti.i.sha.tsu.
中譯	**T恤**

單字	ポロシャツ
拼音	po.ro.sha.tsu.
中譯	**polo衫**

1

2
服飾與化妝品

3

4

5

6

7

8

9

單字	パーカー
拼音	pa.a.ka.a.
中譯	連帽衣服

單字	ジャージ
拼音	ja.a.ji.
中譯	運動服

單字	パジャマ
拼音	pa.ja.ma.
中譯	睡衣

單字	<ruby>長袖<rt>ながそで</rt></ruby>
拼音	na.ga.so.de.
中譯	長袖

單字	<ruby>半袖<rt>はんそで</rt></ruby>
拼音	ha.n.so.de.
中譯	短袖

單字	<ruby>丸襟<rt>まるえり</rt></ruby>
拼音	ma.ru.e.ri.
中譯	圓領

單字	<ruby>Vネック<rt>ブイ</rt></ruby>
拼音	bu.i.ne.kku.
中譯	v 領

單字	ボディコン
拼音	bo.di.i.ko.n.
中譯	緊身衣

單字	着物 (きもの)
拼音	ki.mo.no.
中譯	和服

單字	コート
拼音	ko.o.to.
中譯	大衣、外套

單字	ジーンズ
拼音	ji.i.n.zu.
中譯	牛仔褲

單字	ワンピース
拼音	wa.n.pi.i.su.
中譯	連身裙

單字	スカート
拼音	su.ka.a.to.
中譯	裙子

單字	水着 (みずぎ)
拼音	mi.zu.gi.
中譯	泳衣

1

2
服飾與化妝品

3

4

5

6

7

8

9

單 字	<ruby>水泳帽<rt>すいえいぼう</rt></ruby>	
拼 音	su.i.e.i.bo.u.	
中 譯	**泳帽**	

單 字	ゴーグル	
拼 音	go.o.gu.ru.	
中 譯	**泳鏡**	

單 字	<ruby>靴<rt>くつ</rt></ruby>	
拼 音	ku.tsu.	
中 譯	**鞋子**	

單 字	<ruby>靴下<rt>くつした</rt></ruby>	
拼 音	ku.tsu.shi.ta.	
中 譯	**襪子**	

單 字	<ruby>靴紐<rt>くつひも</rt></ruby>	
拼 音	ku.tsu.hi.mo.	
中 譯	**鞋帶**	

單 字	ストッキング	
拼 音	su.to.kki.n.gu.	
中 譯	**絲襪**	

單 字	タイツ	
拼 音	ta.i.tsu.	
中 譯	**褲襪**	

單字	スニーカー
拼音	su.ni.i.ka.a.
中譯	運動鞋

單字	サンダル
拼音	sa.n.da.ru.
中譯	涼鞋

單字	スリッパ
拼音	su.ri.ppa.
中譯	拖鞋

單字	ハイヒール
拼音	ha.i.hi.i.ru.
中譯	高跟鞋

單字	ブーツ
拼音	bu.u.tsu.
中譯	靴子

單字	下駄
拼音	ge.ta.
中譯	木屐

單字	帽子
拼音	bo.u.shi.
中譯	帽子

單字	ニット帽 <ruby>帽<rt>ぼう</rt></ruby>
拼音	ni.tto.bo.u.
中譯	針織帽

單字	スカーフ
拼音	su.ka.a.fu.
中譯	絲巾

單字	マフラー
拼音	ma.fu.ra.a.
中譯	圍巾

單字	ネクタイ
拼音	ne.ku.ta.i.
中譯	領帶

單字	<ruby>眼鏡<rt>めがね</rt></ruby>
拼音	me.ga.ne.
中譯	眼鏡

單字	サングラス
拼音	sa.n.gu.ra.su.
中譯	太陽眼鏡

單字	コンタクトレンズ
拼音	ko.n.ta.ku.to.re.n.zu.
中譯	隱形眼鏡

單字	カラコン
拼音	ka.ra.ko.n.
中譯	**角膜變色片**

單字	ネックレス
拼音	ne.kku.re.su.
中譯	**項鍊**

單字	ピアス
拼音	pi.a.su.
中譯	**耳環**

單字	うでどけい 腕時計
拼音	u.de.do.ke.i.
中譯	**手錶**

單字	ブレスレット
拼音	bu.re.su.re.tto.
中譯	**手鐲**

單字	ゆびわ 指輪
拼音	yu.bi.wa.
中譯	**戒指**

單字	てぶくろ 手袋
拼音	te.bu.ku.ro.
中譯	**手套**

1

2 服飾與化妝品

3

4

5

6

7

8

9

單字	ベルト
拼音	be.ru.to.
中譯	皮帶

單字	カバン
拼音	ka.ba.n.
中譯	包包

單字	手提げカバン
拼音	te.sa.ge.ka.ba.n.
中譯	手提包

單字	バックパック
拼音	ba.kku.pa.kku.
中譯	後背包

單字	メッセンジャーバッグ
拼音	me.sse.n.ja.a.ba.ggu.
中譯	郵差包

單字	財布
拼音	sa.i.fu.
中譯	錢包

單字	コインケース
拼音	ko.i.n.ke.e.su.
中譯	零錢包

單字	ハンカチ
拼音	ha.n.ka.chi.
中譯	手帕

單字	リボン
拼音	ri.bo.n.
中譯	緞帶

單字	ボタン
拼音	bo.ta.n.
中譯	鈕扣

單字	チャック
拼音	cha.kku.
中譯	拉鍊

單字	ポケット
拼音	po.ke.e.to.
中譯	口袋

單字	化粧品 (けしょうひん)
拼音	ke.sho.u.hi.n.
中譯	化妝品

單字	ローション
拼音	ro.o.sho.n.
中譯	化妝水

單字	アイシャドー
拼音	a.i.sha.do.o.
中譯	眼影

單字	アイライン
拼音	a.i.ra.i.n.
中譯	眼線

單字	マスカラ
拼音	ma.su.ka.ra.
中譯	睫毛膏

單字	つけまつげ
拼音	tsu.ke.ma.tsu.ge.
中譯	假睫毛

單字	コンシーラー
拼音	ko.n.shi.i.ra.a.
中譯	遮瑕膏

單字	メイクアップベース
拼音	me.i.ku.a.ppu.be.e.su.
中譯	隔離霜

單字	ファンデーション
拼音	fa.n.de.e.sho.n.
中譯	粉底

單字	パウダー
拼音	pa.u.da.a.
中譯	蜜粉

單字	チーク
拼音	chi.i.ku.
中譯	腮紅

單字	くちべに 口紅
拼音	ku.chi.be.ni.
中譯	口紅

單字	リップクリーム
拼音	ri.ppu.ku.ri.i.mu.
中譯	護唇膏

單字	マニキュア
拼音	ma.ni.kyu.a.
中譯	指甲油

單字	メイク落とし
拼音	me.i.ku.o.to.shi.
中譯	卸妝油

單字	コットン
拼音	ko.tto.n.
中譯	化妝棉

1

2

服飾與化妝品

3

4

5

6

7

8

9

單字	マスク
拼音	ma.su.ku.
中譯	面膜

單字	乳液 にゅうえき
拼音	nyu.u.e.ki.
中譯	乳液

單字	日焼け止め ひ や ど
拼音	hi.ya.ke.do.me.
中譯	防曬乳

單字	あぶらとり紙 がみ
拼音	a.bu.ra.to.ri.ga.mi.
中譯	吸油面紙

單字	ブラシ
拼音	bu.ra.shi.
中譯	梳子

單字	爪切り つめき
拼音	tsu.me.ki.ri.
中譯	指甲剪

單字	ハンドクリーム
拼音	ha.n.do.ku.ri.i.mu.
中譯	護手霜

單字	ドア
拼音	do.a.
中譯	**門**

單字	まど 窓
拼音	ma.do.
中譯	**窗戶**

單字	げんかん 玄関
拼音	ge.n.ka.n.
中譯	**玄關**

單字	げ た ばこ 下駄箱
拼音	ge.ta.ba.ko.
中譯	**鞋櫃**

單字	かいだん 階段
拼音	ka.i.da.n.
中譯	**樓梯**

單字	ろうか 廊下
拼音	ro.u.ka.
中譯	**走廊**

單字	かべ 壁
拼音	ka.be.
中譯	**牆壁**

3 房子與傢俱

單字	てんじょう 天井
拼音	te.jo.u.
中譯	**天花板**

單字	やね 屋根
拼音	ya.ne.
中譯	**屋頂**

單字	リビングルーム
拼音	ri.bi.n.gu.ru.u.mu.
中譯	**客廳**

單字	ダイニングルーム
拼音	da.i.ni.n.gu.ru.u.mu.
中譯	**飯廳**

單字	へや 部屋
拼音	he.ya.
中譯	**房間**

單字	いま 居間
拼音	i.ma.
中譯	**起居室**

單字	しんしつ 寝室
拼音	shi.n.shi.tsu.
中譯	**寢室**

單 字	しょさい 書斎
拼 音	sho.sa.i.
中 譯	**書房**

單 字	たたみ 畳
拼 音	ta.ta.mi.
中 譯	**榻榻米**

單 字	お　い 押し入れ
拼 音	o.shi.i.re.
中 譯	**壁櫥**

單 字	だいどころ 台所
拼 音	da.i.do.ko.ro.
中 譯	**廚房**

單 字	よくしつ 浴室
拼 音	yo.ku.shi.tsu.
中 譯	**浴室**

單 字	トイレ
拼 音	to.i.re.
中 譯	**廁所**

單 字	バルコニー
拼 音	ba.ru.ko.ni.i.
中 譯	**陽台**

1
2
3 房子與傢俱
4
5
6
7
8
9

1

2

3 房子與傢俱

單字	ちかしつ 地下室
拼音	chi.ka.shi.tsu.
中譯	**地下室**

單字	そうこ 倉庫
拼音	so.u.ko.
中譯	**倉庫**

單字	しゃこ 車庫
拼音	sha.ko.
中譯	**車庫**

4

5

單字	にわ 庭
拼音	ni.wa.
中譯	**庭院**

6

單字	フェンス
拼音	fe.n.su.
中譯	**圍籬**

7

單字	かぐ 家具
拼音	ka.gu.
中譯	**家具**

8

9

單字	つくえ 机
拼音	tsu.ku.e.
中譯	**桌子、書桌**

單 字	テーブル
拼 音	te.e.bu.ru.
中 譯	桌子

單 字	椅子 （いす）
拼 音	i.su.
中 譯	椅子

單 字	ソファ
拼 音	so.fa.
中 譯	沙發

單 字	座布団 （ざぶとん）
拼 音	za.bu.to.n.
中 譯	坐墊

單 字	電気 （でんき）
拼 音	de.n.ki.
中 譯	電燈

單 字	デスクライト
拼 音	de.su.ku.ra.i.to.
中 譯	檯燈

單 字	電話 （でんわ）
拼 音	de.n.wa.
中 譯	電話

單字	こたつ
拼音	ko.ta.tsu.
中譯	**電暖桌爐**

單字	クーラー
拼音	ku.u.ra.a.
中譯	**冷氣**

單字	せんぷうき 扇風機
拼音	se.n.pu.u.ki.
中譯	**電風扇**

單字	テレビ
拼音	te.re.bi.
中譯	**電視**

單字	リモコン
拼音	ri.mo.ko.n.
中譯	**遙控器**

單字	ラジオ
拼音	ra.ji.o.
中譯	**收音機**

單字	イヤホン
拼音	i.ya.ho.n.
中譯	**耳機**

單 字	コンピューター
拼 音	ko.n.pyu.u.ta.a.
中 譯	**電腦**

單 字	ノートパソコン
拼 音	no.o.to.pa.so.ko.n.
中 譯	**筆記型電腦**

單 字	カメラ
拼 音	ka.me.ra.
中 譯	**相機**

單 字	マウス
拼 音	ma.u.su.
中 譯	**滑鼠**

單 字	キーボード
拼 音	ki.i.bo.o.do.
中 譯	**鍵盤**

單 字	スピーカー
拼 音	su.pi.i.ka.a.
中 譯	**喇叭**

單 字	れいぞうこ 冷蔵庫
拼 音	re.i.zo.u.ko.
中 譯	**冰箱**

1

2

3 房子與傢俱

4

5

6

7

8

9

單字 ガスレンジ
拼音 ga.su.re.n.ji.
中譯 **瓦斯爐**

單字 カーテン
拼音 ka.a.te.n.
中譯 **窗簾**

單字 物干し竿
拼音 mo.no.ho.shi.za.o.
中譯 **曬衣架**

單字 洗濯ばさみ
拼音 se.n.ta.ku.ba.sa.mi.
中譯 **曬衣夾**

單字 洗濯籠
拼音 se.n.ta.ku.ka.go.
中譯 **洗衣籃**

單字 洗濯機
拼音 se.n.ta.ku.ki.
中譯 **洗衣機**

單字 乾燥機
拼音 ka.n.so.u.ki.
中譯 **烘衣機**

單 字	せんたく 洗濯ネット
拼 音	se.n.ta.ku.ne.tto.
中 譯	**洗衣網**

單 字	えきたいせんざい 液体洗剤
拼 音	e.ki.ta.i.se.n.za.i.
中 譯	**洗衣精**

單 字	こなせんざい 粉洗剤
拼 音	ko.na.se.n.za.i.
中 譯	**洗衣粉**

單 字	ひょうはくざい 漂白剤
拼 音	hyo.u.ha.ku.za.i.
中 譯	**漂白劑**

單 字	じゅうなんざい 柔軟剤
拼 音	ju.u.na.n.za.i.
中 譯	**衣物柔軟精**

單 字	おんすいき 温水器
拼 音	o.n.su.i.ki.
中 譯	**熱水器**

單 字	ほんだな 本棚
拼 音	ho.n.da.na.
中 譯	**書櫃**

1

2

3 房子與傢俱

單字	たんす
拼音	ta.n.su.
中譯	**衣櫥**

單字	ハンガー
拼音	ha.n.ga.a.
中譯	**衣架**

單字	ベッド
拼音	be.ddo.
中譯	**床**

4

5

單字	枕
拼音	ma.ku.ra.
中譯	**枕頭**

單字	枕カバー
拼音	ma.ku.ra.ka.ba.a.
中譯	**枕頭套**

6

7

單字	抱き枕
拼音	da.ki.ma.ku.ra.
中譯	**抱枕**

8

9

單字	シーツ
拼音	shi.i.tsu.
中譯	**床單**

單字	掛け布団 か ぶとん
拼音	ka.ke.bu.to.n.
中譯	**棉被**

單字	寝袋 ねぶくろ
拼音	ne.bu.ku.ro.
中譯	**睡袋**

單字	レシピ
拼音	re.shi.pi.
中譯	**食譜**

單字	炊飯器 すいはんき
拼音	su.i.ha.n.ki.
中譯	**電鍋**

單字	電子レンジ でんし
拼音	de.n.shi.re.n.ji.
中譯	**微波爐**

單字	オーブン
拼音	o.o.bu.n.
中譯	**烤箱**

單字	ラップ
拼音	ra.ppu.
中譯	**保鮮膜**

1
2
3 房子與傢俱
4
5
6
7
8
9

1

2

3 房子與傢俱

單字	ほうちょう 包丁
拼音	ho.u.cho.u.
中譯	菜刀

單字	いた まな板
拼音	ma.na.i.ta.
中譯	砧板

單字	しょっき 食器
拼音	sho.kki.
中譯	餐具

單字	さら お皿
拼音	o.sa.ra.
中譯	盤子

單字	わん お椀
拼音	o.wa.n.
中譯	碗

單字	はし 箸
拼音	ha.shi.
中譯	筷子

單字	スプーン
拼音	su.pu.u.n.
中譯	湯匙

4

5

6

7

8

9

單字	フォーク
拼音	fo.o.ku.
中譯	叉子

單字	ナイフ
拼音	na.i.fu.
中譯	餐刀

單字	ストロー
拼音	su.to.ro.o.
中譯	吸管

單字	栓抜き
拼音	se.n.nu.ki.
中譯	開瓶器

單字	コップ
拼音	ko.ppu.
中譯	杯子

單字	コースター
拼音	co.o.su.ta.a.
中譯	杯墊

單字	杓文字
拼音	sha.mo.ji.
中譯	飯匙

1
2
3 房子與傢俱
4
5
6
7
8
9

單字		フライパン
拼音		fu.ra.i.pa.n.
中譯		平底鍋

單字		ステンレスターナー
拼音		su.te.n.re.su.ta.a.na.a.
中譯		鍋鏟

單字		鍋 (なべ)
拼音		na.be.
中譯		鍋子

單字		急須 (きゅうす)
拼音		kyu.u.su.
中譯		茶壺

單字		流し台 (ながしだい)
拼音		na.ga.shi.da.i.
中譯		流理臺

單字		雑巾 (ぞうきん)
拼音		zo.u.ki.n.
中譯		抹布

單字		エプロン
拼音		e.pu.ro.n.
中譯		圍裙

單 字	じゃぐち 蛇口
拼 音	ja.gu.chi.
中 譯	**水龍頭**

單 字	シャワーヘッド
拼 音	sha.wa.a.he.ddo.
中 譯	**蓮蓬頭**

單 字	よくそう 浴槽
拼 音	yo.ku.so.u.
中 譯	**浴缸**

單 字	せんめんだい 洗面台
拼 音	se.n.me.n.da.i.
中 譯	**洗臉台**

單 字	べんき 便器
拼 音	be.n.ki.
中 譯	**馬桶**

單 字	トイレットペーパー
拼 音	to.i.re.tto.pe.e.pa.a.
中 譯	**衛生紙**

單 字	ナプキン
拼 音	na.pu.ki.n.
中 譯	**衛生棉**

1
2
3 房子與傢俱
4
5
6
7
8
9

單字	練り歯磨き _{ね はみが}
拼音	ne.ri.ha.mi.ga.ki.
中譯	牙膏

單字	歯ブラシ _は
拼音	ha.bu.ra.shi.
中譯	牙刷

單字	髭剃り _{ひげそ}
拼音	hi.ge.so.ri.
中譯	刮鬍刀

單字	シェービングフォーム
拼音	she.e.bi.n.gu.fo.o.mu.
中譯	刮鬍膏

單字	タオル
拼音	ta.o.ru.
中譯	毛巾

單字	石鹸 _{せっけん}
拼音	se.kke.n.
中譯	肥皂

單字	洗顔料 _{せんがんりょう}
拼音	se.n.ga.n.ryo.u.
中譯	洗面乳

1 2 3 房子與傢俱 4 5 6 7 8 9

單字	ボディーシャンプー
拼音	bo.di.i.sha.n.pu.u.
中譯	沐浴乳

單字	シャンプー
拼音	sha.n.pu.u.
中譯	洗髮乳

單字	コンディショナー
拼音	ko.n.di.sho.na.a.
中譯	潤髮乳

單字	ドライヤー
拼音	do.ra.i.ya.a.
中譯	吹風機

單字	ほうき 箒
拼音	ho.u.ki.
中譯	掃帚

單字	ちりと 塵取り
拼音	chi.n.to.ri.
中譯	畚箕

單字	そうじき 掃除機
拼音	so.u.ji.ki.
中譯	吸塵器

1

2

3 房子與傢俱

4

5

6

7

8

9

單 字	モップ
拼 音	mo.ppu.
中 譯	拖把

單 字	ゴミ
拼 音	go.mi.
中 譯	垃圾

單 字	生ゴミ
拼 音	na.ma.go.mi.
中 譯	廚餘

單 字	ゴミ箱
拼 音	go.mi.ba.ko.
中 譯	垃圾桶

單 字	資源ごみ
拼 音	shi.ge.n.go.mi.
中 譯	資源回收垃圾

單 字	ゴミ袋
拼 音	go.mi.bu.ku.ro.
中 譯	垃圾袋

單 字	ティッシュ
拼 音	ti.sshu.
中 譯	衛生紙

單字	アイロン
拼音	a.i.ro.n.
中譯	熨斗

單字	団扇 (うちわ)
拼音	u.chi.wa.
中譯	扇子

單字	扇子 (せんす)
拼音	se.n.su.
中譯	折扇

單字	目覚まし時計 (めざ / どけい)
拼音	me.za.ma.shi.do.ke.i.
中譯	鬧鐘

單字	鍵 (かぎ)
拼音	ka.gi.
中譯	鑰匙

單字	カレンダー
拼音	ka.re.n.da.a.
中譯	日曆

單字	風鈴 (ふうりん)
拼音	fu.u.ri.n.
中譯	風鈴

1

2

3 房子與傢俱

單 字	はいざら 灰皿
拼 音	ha.i.za.ra.
中 譯	**菸灰缸**

單 字	かびん 花瓶
拼 音	ka.bi.n.
中 譯	**花瓶**

單 字	かいちゅうでんとう 懐中電灯
拼 音	ka.i.chu.u.de.n.to.u.
中 譯	**手電筒**

4

5

單 字	でんち 電池
拼 音	de.n.chi.
中 譯	**電池**

單 字	ライター
拼 音	ra.i.ta.a.
中 譯	**打火機**

6

7

單 字	すがたみ 姿見
拼 音	su.ga.ta.mi.
中 譯	**全身鏡**

8

9

單 字	かさ 傘
拼 音	ka.sa.
中 譯	**雨傘**

單 字	かさた 傘立て
拼 音	ka.sa.ta.te.
中 譯	**傘架**

單 字	ダンボール
拼 音	da.n.bo.o.ru.
中 譯	**紙箱**

單 字	じゅうたん 絨毯
拼 音	ju.u.ta.n.
中 譯	**地毯**

單 字	しょうかき 消火器
拼 音	sho.u.ka.ki.
中 譯	**滅火器**

1

2

3

4 文具

5

6

7

8

9

單字	ぶんぼうぐ 文房具
拼音	bu.n.bo.u.gu.
中譯	**文具**

單字	えんぴつ 鉛筆
拼音	e.n.pi.tsu.
中譯	**鉛筆**

單字	シャープペンシル
拼音	sha.a.pu.pe.n.shi.ru.
中譯	**自動筆**

單字	ボールペン
拼音	bo.o.ru.pe.n.
中譯	**原子筆**

單字	けいこう 蛍光ペン
拼音	ke.i.ko.u.pe.n.
中譯	**螢光筆**

單字	いろえんぴつ 色鉛筆
拼音	i.ro.e.n.pi.tsu.
中譯	**色鉛筆**

單字	ふで 筆
拼音	fu.de.
中譯	**毛筆**

單 字	ぼくじゅう 墨汁
拼 音	bo.ku.ju.u.
中 譯	**墨水**

單 字	じょうぎ 定規
拼 音	jo.u.gi.
中 譯	**尺**

單 字	け 消しゴム
拼 音	ke.shi.go.mu.
中 譯	**橡皮擦**

單 字	しゅうせい 修正テープ
拼 音	shu.u.se.i.te.e.pu.
中 譯	**修正帶**

單 字	えんぴつけず 鉛筆削り
拼 音	e.n.pi.tsu.ke.zu.ri.
中 譯	**削鉛筆機**

單 字	はさみ
拼 音	ha.sa.mi.
中 譯	**剪刀**

單 字	カッターナイフ
拼 音	ka.tta.a.na.i.fu.
中 譯	**美工刀**

1
2
3
4
文具
5
6
7
8
9

1

2

3

4
文具

5

6

7

8

9

單 字	のり
拼 音	no.ri.
中 譯	膠水

單 字	スティックのり
拼 音	su.ti.kku.no.ri.
中 譯	口紅膠

單 字	テープ
拼 音	te.e.pu.
中 譯	膠帶

單 字	セロテープ台
拼 音	se.ro.te.e.pu.da.i.
中 譯	膠帶台

單 字	紙
拼 音	ka.mi.
中 譯	紙

單 字	筆箱
拼 音	fu.de.ba.ko.
中 譯	鉛筆盒

單 字	ペンスタンド
拼 音	pe.n.su.ta.n.do.
中 譯	筆筒

單字	ノート
拼音	no.o.to.
中譯	**筆記本**

單字	スケッチブック
拼音	su.ke.cchi.bu.kku.
中譯	**素描本**

單字	ブックエンド
拼音	bu.kku.e.n.do.
中譯	**書擋**

單字	しおり
拼音	shi.o.ri.
中譯	**書籤**

單字	付箋 ふせん
拼音	fu.se.n.
中譯	**便利貼**

單字	ホッチキス
拼音	ho.cchi.ki.su.
中譯	**釘書機**

單字	ホッチキス針 ばり
拼音	ho.cchi.ki.su.ba.ri.
中譯	**釘書針**

1
2
3
4 文具
5
6
7
8
9

1

2

3

4
文具

5

6

7

8

9

單 字	クリップ
拼 音	ku.ri.ppu.
中 譯	迴紋針

單 字	<ruby>画鋲<rt>がびょう</rt></ruby>
拼 音	ga.byo.u.
中 譯	圖釘

單 字	<ruby>辞書<rt>じしょ</rt></ruby>
拼 音	ji.sho.
中 譯	辭典

單 字	<ruby>電子辞書<rt>でんしじしょ</rt></ruby>
拼 音	de.n.shi.ji.sho.
中 譯	電子辭典

單 字	<ruby>計算機<rt>けいさんき</rt></ruby>
拼 音	ke.i.sa.n.ki.
中 譯	計算機

單 字	<ruby>手帳<rt>てちょう</rt></ruby>
拼 音	te.cho.u.
中 譯	記事本

單 字	クリアファイル
拼 音	ku.ri.a.fa.i.ru.
中 譯	透明資料夾

單 字	<ruby>手紙<rt>てがみ</rt></ruby>
拼 音	te.ga.mi.
中 譯	**信**

單 字	<ruby>葉書<rt>はがき</rt></ruby>
拼 音	ha.ga.ki.
中 譯	**明信片**

單 字	<ruby>年賀状<rt>ねんがじょう</rt></ruby>
拼 音	ne.n.ga.jo.u.
中 譯	**賀年卡**

單 字	<ruby>封筒<rt>ふうとう</rt></ruby>
拼 音	fu.u.to.u.
中 譯	**信封**

單 字	<ruby>切手<rt>きって</rt></ruby>
拼 音	ki.tte.
中 譯	**郵票**

單 字	<ruby>消印<rt>けしいん</rt></ruby>
拼 音	ke.shi.i.n.
中 譯	**郵戳**

單 字	<ruby>差出人<rt>さしだしにん</rt></ruby>
拼 音	sa.shi.da.shi.ni.n.
中 譯	**寄件人**

1
2
3
4
5
郵局、銀行相關
6
7
8
9

1

2

3

4

5
郵局、銀行相關

6

7

8

9

單字 うけとりにん
受取人
拼音 u.ke.to.ri.ni.n.
中譯 收件人

單字 じゅうしょ
住所
拼音 ju.u.sho.
中譯 地址

單字 ゆうびんばんごう
郵便番号
拼音 yu.u.bi.n.ba.n.go.u.
中譯 郵遞區號

單字 こくさいゆうびん
国際郵便
拼音 ko.ku.sa.i.yu.u.bi.n.
中譯 國際郵件

單字 こうくうびん
航空便
拼音 ko.u.ku.u.bi.n.
中譯 空運

單字 ふなびん
船便
拼音 fu.na.bi.n.
中譯 海運

單字 そくたつ
速達
拼音 so.ku.ta.tsu.
中譯 限時

單 字	かきとめ 書留
拼 音	ka.ki.to.me.
中 譯	**掛號**

單 字	ほけん 保険
拼 音	ho.ke.n.
中 譯	**保險**

單 字	ちょきん 貯金
拼 音	cho.kl.n.
中 譯	**儲蓄**

單 字	ちょきんばこ 貯金箱
拼 音	cho.ki.n.ba.ko.
中 譯	**存錢筒**

單 字	しへい 紙幣
拼 音	shi.he.i.
中 譯	**紙鈔**

單 字	こうか 硬貨
拼 音	ko.u.ka.
中 譯	**硬幣**

單 字	しゅうにゅう 収入
拼 音	shu.u.nyu.u.
中 譯	**收入**

5 郵局、銀行相關

1

2

3

4

6

7

8

9

單字	ししゅつ 支出
拼音	shi.shu.tsu.
中譯	支出

單字	とうし 投資
拼音	to.u.shi.
中譯	投資

單字	こうざ 口座
拼音	ko.u.za.
中譯	戶頭

單字	つうちょう 通帳
拼音	tsu.u.cho.u.
中譯	存摺

單字	あんしょうばんごう 暗証番号
拼音	a.n.sho.u.ba.n.go.u.
中譯	密碼

單字	ふりこ 振込み
拼音	fu.ri.ko.mi.
中譯	存款

單字	ひ だ 引き出し
拼音	hi.ki.da.shi.
中譯	提款

單 字	そうきん 送金
拼 音	so.u.ki.n.
中 譯	**匯款**

單 字	ざんだか 残高
拼 音	za.n.da.ka.
中 譯	**餘額**

單 字	きんり 金利
拼 音	ki.n.ri.
中 譯	**利息**

單 字	りょうがえ 両替
拼 音	ryo.u.ga.e.
中 譯	**換錢**

單 字	てすうりょう 手数料
拼 音	te.su.u.ryo.u.
中 譯	**手續費**

單 字	クレジットカード
拼 音	ku.re.ji.tto.ka.a.do.
中 譯	**信用卡**

單 字	こぎって 小切手
拼 音	ko.gi.tte.
中 譯	**支票**

1
2
3
4

5
郵局、銀行相關

6
7
8
9

1

2

3

4

6

7

8

9

單字	いんかん 印鑑
拼音	i.n.ga.n.
中譯	印章

單字	しゅにく 朱肉
拼音	shu.ni.ku.
中譯	印泥

單字	けんこうほけんしょう 健康保険証
拼音	ke.n.ko.u.ho.ke.n.sho.u.
中譯	健保卡

單 字	学校 (がっこう)
拼 音	ga.kko.u.
中 譯	學校

單 字	教育 (きょういく)
拼 音	kyo.u.i.ku.
中 譯	教育

單 字	学費 (がくひ)
拼 音	ga.ku.hi.
中 譯	學費

單 字	校則 (こうそく)
拼 音	ko.u.so.ku.
中 譯	校規

單 字	教室 (きょうしつ)
拼 音	kyo.u.shi.tsu.
中 譯	教室

單 字	黒板 (こくばん)
拼 音	ko.ku.ba.n.
中 譯	黑板

單 字	黒板消し (こくばんけし)
拼 音	ko.ku.ba.n.ke.shi.
中 譯	板擦

6
學校相關

1

2

3

4

5

6 學校相關

7

8

9

單字	チョーク
拼音	cho.o.ku.
中譯	**粉筆**

けいじばん
單字	掲示板
拼音	ke.i.ji.ba.n.
中譯	**佈告欄**

じゅぎょう
單字	授業
拼音	ju.gyo.u.
中譯	**課程**

じかんわり
單字	時間割
拼音	ji.ka.n.wa.ri.
中譯	**課表**

たんい
單字	単位
拼音	ta.n.i.
中譯	**學分**

しゅっせき
單字	出席
拼音	shu.sse.ki.
中譯	**出席**

けっせき
單字	欠席
拼音	ke.sse.ki.
中譯	**缺席**

158

單字	サボる
拼音	sa.bo.ru.
中譯	翹課

單字	教科書 （きょうかしょ）
拼音	kyo.u.ka.sho.
中譯	教科書

單字	宿題 （しゅくだい）
拼音	shu.ku.da.i.
中譯	作業

單字	レポート
拼音	re.po.o.to.
中譯	報告

單字	予習 （よしゅう）
拼音	yo.shu.u.
中譯	預習

單字	復習 （ふくしゅう）
拼音	fu.ku.shu.u.
中譯	複習

單字	試験 （しけん）
拼音	shi.ke.n.
中譯	考試

1

2

3

4

5

6
學校相關

單字	テスト
拼音	te.su.to.
中譯	考試

單字	<ruby>追試驗<rt>ついしけん</rt></ruby>
拼音	tsu.i.shi.ke.n.
中譯	補考

單字	<ruby>中間試驗<rt>ちゅうかんしけん</rt></ruby>
拼音	chu.u.ka.n.shi.ke.n.
中譯	期中考

單字	<ruby>期末試驗<rt>きまつしけん</rt></ruby>
拼音	ki.ma.tsu.shi.ke.n.
中譯	期末考

單字	センター<ruby>試驗<rt>しけん</rt></ruby>
拼音	se.n.ta.a.shi.ke.n.
中譯	學力測驗

7

8

9

單字	<ruby>選択問題<rt>せんたくもんだい</rt></ruby>
拼音	se.n.ta.ku.mo.n.da.i.
中譯	選擇題

單字	<ruby>穴埋め問題<rt>あなうめもんだい</rt></ruby>
拼音	a.na.u.me.mo.n.da.i.
中譯	填空題

單 字	にたくもんだい 二択問題
拼 音	ni.ta.ku.mo.n.da.i.
中 譯	是非題

單 字	じゅけんひょう 受験票
拼 音	ju.ke.n.hyo.u.
中 譯	准考證

單 字	カンニング
拼 音	ka.n.ni.n.gu.
中 譯	作弊

單 字	せいせき 成績
拼 音	se.i.se.ki.
中 譯	成績

單 字	ごうかく 合格
拼 音	go.u.ka.ku.
中 譯	及格

單 字	ふごうかく 不合格
拼 音	fu.go.u.ka.ku.
中 譯	不及格

單 字	あかてん 赤点
拼 音	a.ka.te.n.
中 譯	不及格

1

2

3

4

5

6 學校相關

7

8

9

1

2

3

4

5

6 學校相關

7

8

9

單字	ほしゅう 補習
拼音	ho.shu.u.
中譯	**補習、輔導課**

單字	がっこうきゅうしょく 学校給食
拼音	ga.kko.u.kyu.u.sho.ku.
中譯	**學校營養午餐**

單字	サークル
拼音	sa.a.ku.ru.
中譯	**社團**

單字	ぶかつ 部活
拼音	bu.ka.tsu.
中譯	**社團活動**

單字	せいふく 制服
拼音	se.i.fu.ku.
中譯	**制服**

單字	ランドセル
拼音	ra.n.do.se.ru.
中譯	**小學生用的皮製書包**

單字	ひるやすみ 昼休み
拼音	hi.ru.ya.su.mi.
中譯	**午休**

單 字	なつやす 夏休み
拼 音	na.tsu.ya.su.mi.
中 譯	**暑假**

單 字	ふゆやす 冬休み
拼 音	fu.yu.ya.su.mi.
中 譯	**寒假**

單 字	はるやす 春休み
拼 音	ha.ru.ya.su.mi.
中 譯	**春假**

單 字	たしざん 足算
拼 音	ta.shi.za.n.
中 譯	**除法**

單 字	ひきざん 引算
拼 音	hi.ki.za.n.
中 譯	**減法**

單 字	かけざん 掛算
拼 音	ka.ke.za.n.
中 譯	**乘法**

單 字	わりざん 割算
拼 音	wa.ri.za.n.
中 譯	**除法**

1
2
3
4
5
6 學校相關
7
8
9

1

2

3

4

5

6 學校相關

單字	こくご 国語
拼音	ko.ku.go.
中譯	**國語**

單字	すうがく 数学
拼音	su.u.ga.ku.
中譯	**數學**

單字	えいご 英語
拼音	e.i.go.
中譯	**英語**

單字	かがく 化学
拼音	ka.ga.ku.
中譯	**化學**

單字	ぶつり 物理
拼音	bu.tsu.ri.
中譯	**物理**

單字	れきし 歴史
拼音	re.ki.shi.
中譯	**歷史**

單字	ちり 地理
拼音	chi.ri.
中譯	**地理**

7

8

9

單 字	びじゅつ 美術
拼 音	bi.ju.tsu.
中 譯	**美術**

單 字	たいいく 体育
拼 音	ta.i.i.ku.
中 譯	**體育**

單 字	ゼミ
拼 音	ze.mi.
中 譯	**討論會、研究會**

單 字	そつぎょうろんぶん 卒業論文
拼 音	so.tsu.gyo.u.ro.n.bu.n.
中 譯	**畢業論文**

單 字	そつぎょうりょこう 卒業旅行
拼 音	so.tsu.gyo.u.ryo.ko.u.
中 譯	**畢業旅行**

單 字	じっしゅう 実習
拼 音	ji.sshu.u.
中 譯	**實習**

單 字	たいばつ 体罰
拼 音	ta.i.ba.tsu.
中 譯	**體罰**

1
2
3
4
5
6 學校相關
7
8
9

		ぜんき
單 字		前期
拼 音		ze.n.ki.
中 譯		**上學期**

		こうき
單 字		後期
拼 音		ko.u.ki.
中 譯		**下學期**

		がくねん
單 字		学年
拼 音		ga.ku.ne.n.
中 譯		**學年、年級**

		しんきゅう
單 字		進級
拼 音		shi.n.kyu.u.
中 譯		**升級、進級**

		りゅうねん
單 字		留年
拼 音		ryu.u.ne.n.
中 譯		**留級**

		ていがく
單 字		停学
拼 音		te.i.ga.ku.
中 譯		**停學、休學**

		りゅうがく
單 字		留学
拼 音		ryu.u.ga.ku.
中 譯		**留學**

6 學校相關

單字	しょうがくきん 奨学金
拼音	sho.u.ga.ku.ki.n.
中譯	**獎學金**

單字	にゅうがくしき 入学式
拼音	nyu.u.ga.ku.shi.ki.
中譯	**開學典禮**

單字	そつぎょうしき 卒業式
拼音	so.tsu.gyo.u.shi.ki.
中譯	**畢業典禮**

單字	がくえんさい 学園祭
拼音	ga.ku.e.n.sa.i.
中譯	**校慶**

單字	うんどうかい 運動会
拼音	u.n.do.u.ka.i.
中譯	**運動會**

單字	じょう バスケット場
拼音	ba.su.ke.tto.jo.u.
中譯	**籃球場**

單字	じょう サッカー場
拼音	sa.kka.a.jo.u.
中譯	**足球場**

1
2
3
4
5
6
學校相關
7
8
9

單 字	<ruby>朝礼<rt>ちょうれい</rt></ruby>
拼 音	cho.u.re.i.
中 譯	**朝會**

單 字	<ruby>朝礼台<rt>ちょうれいだい</rt></ruby>
拼 音	cho.u.re.i.da.i.
中 譯	**司令台**

單 字	<ruby>旗竿<rt>はたざお</rt></ruby>
拼 音	ha.ta.za.o.
中 譯	**旗桿**

單 字	<ruby>国旗<rt>こっき</rt></ruby>
拼 音	ko.kki.
中 譯	**國旗**

單 字	<ruby>登り棒<rt>のぼ　ぼう</rt></ruby>
拼 音	no.bo.ri.bo.u.
中 譯	**攀爬竿**

單 字	<ruby>鉄棒<rt>てつぼう</rt></ruby>
拼 音	te.tsu.bo.u.
中 譯	**單槓**

6 學校相關

單字	かいしゃ 会社
拼音	ka.i.sha.
中譯	公司

單字	オフィス
拼音	o.fi.su.
中譯	辦公室

單字	しごと 仕事
拼音	shi.go.to.
中譯	工作

單字	しょくむ 職務
拼音	sho.ku.mu.
中譯	職務

單字	しょくば 職場
拼音	sho.ku.ba.
中譯	工作崗位

單字	しょくいん 職員
拼音	sho.ku.i.n.
中譯	職員

單字	はけんしゃいん 派遣社員
拼音	ha.ke.n.sha.i.n.
中譯	約聘員工

1

2

3

4

5

6

7 工作相關

8

9

單字	せいしゃいん 正社員
拼音	se.i.sha.i.n.
中譯	**正式員工**

單字	しゅうしょくかつどう 就職活動
拼音	shu.u.sho.ku.ka.tsu.do.u.
中譯	**找工作**

單字	めんせつ 面接
拼音	me.n.se.tsu.
中譯	**面試**

單字	りれきしょ 履歴書
拼音	ri.re.ki.sho.
中譯	**履歷表**

單字	かいぎ 会議
拼音	ka.i.gi.
中譯	**會議**

單字	きかくしょ 企画書
拼音	ki.ka.ku.sho.
中譯	**企劃書**

單字	けいやくしょ 契約書
拼音	ke.i.ya.ku.sho.
中譯	**契約書**

	ざんぎょう
單字	残業
拼音	za.n.gyo.u.
中譯	**加班**

	しゅっちょう
單字	出張
拼音	shu.ccho.u.
中譯	**出差**

	ひがえ しゅっちょう
單字	日帰り出張
拼音	hi.ga.e.ri.shu.ccho.u.
中譯	**當日出差**

	かいがいしゅっちょう
單字	海外出張
拼音	ka.i.ga.i.shu.ccho.u.
中譯	**國外出差**

	きゅうしょく
單字	休職
拼音	kyu.u.sho.ku.
中譯	**(因病等)停職、休假**

	てんしょく
單字	転職
拼音	te.n.sho.ku.
中譯	**轉行**

	たいしょく
單字	退職
拼音	ta.i.sho.ku.
中譯	**辭職**

1
2
3
4
5
6

7
工作相關

8
9

單字	きゅうりょう 給料
拼音	kyu.u.ryo.u.
中譯	**薪水**

單字	ボーナス
拼音	bo.o.na.su.
中譯	**獎金**

單字	コピー機 き
拼音	ko.pi.i.ki.
中譯	**影印機**

單字	ファックス
拼音	fa.kku.su.
中譯	**傳真機**

單字	タイムレコーダー
拼音	ta.i.mu.re.ko.o.da.a.
中譯	**打卡鐘**

單字	こきゃく 顧客
拼音	ko.kya.ku.
中譯	**客戶**

單字	せっきゃくしつ 接客室
拼音	se.kkya.ku.shi.tsu.
中譯	**會客室**

172

單 字	せいじ 政治
拼 音	se.i.ji.
中 譯	**政治**

單 字	せいふ 政府
拼 音	se.i.fu.
中 譯	**政府**

單 字	じんみん 人民
拼 音	ji.n.mi.n.
中 譯	**人民**

單 字	せいけん 政権
拼 音	se.i.ke.n.
中 譯	**政權**

單 字	ぎょうせい 行政
拼 音	gyo.u.se.i.
中 譯	**行政**

單 字	ないかく 内閣
拼 音	na.i.ka.ku.
中 譯	**內閣**

單 字	ないかくそうりだいじん 内閣総理大臣
拼 音	na.i.ka.ku.so.u.ri.da.i.ji.n.
中 譯	**內閣總理大臣**

1
2
3
4
5
6
7

8
政治、歷史與網路科技

9

1

2

3

4

5

6

7

9

單 字	りっぽう 立法
拼 音	ri.ppo.u.
中 譯	**立法**

單 字	こっかい 国会
拼 音	ko.kka.i.
中 譯	**國會**

單 字	さんぎいん 参議院
拼 音	sa.n.gi.i.n.
中 譯	**參議院**

單 字	しゅうぎいん 衆議院
拼 音	shu.u.gi.i.n.
中 譯	**眾議院**

單 字	しほう 司法
拼 音	shi.ho.u.
中 譯	**司法**

單 字	さいばんしょ 裁判所
拼 音	sa.i.ba.n.sho.
中 譯	**法院**

單 字	ほうりつ 法律
拼 音	ho.u.ri.tsu.
中 譯	**法律**

單字	そうとう 総統
拼音	so.u.to.u.
中譯	**總統**

單字	ばくりょう 幕僚
拼音	ba.ku.ryo.u.
中譯	**幕僚**

單字	せいとう 政党
拼音	se.i.to.u.
中譯	**政黨**

單字	よとう 与党
拼音	yo.to.u.
中譯	**執政黨**

單字	やとう 野党
拼音	ya.to.u.
中譯	**在野黨**

單字	じみんとう 自民党
拼音	ji.mi.n.to.u.
中譯	**自民黨**

單字	みんしゅとう 民主党
拼音	mi.n.shu.to.u.
中譯	**民主黨**

1
2
3
4
5
6
7
8 政治、歷史與網路科技
9

1

單字	せんきょ 選挙
拼音	se.n.kyo.
中譯	**選舉**

2

3

單字	りっこうほしゃ 立候補者
拼音	ri.kko.u.ho.sha.
中譯	**候選人**

4

單字	とうひょうりつ 投票率
拼音	to.u.hyo.u.ri.tsu.
中譯	**投票率**

5

單字	とうひょうけん 投票権
拼音	to.u.hyo.u.ke.n.
中譯	**投票權**

6

單字	わいろ 賄賂
拼音	wa.i.ro.
中譯	**賄賂**

7

單字	うよく 右翼
拼音	u.yo.ku.
中譯	**右翼**

9

單字	さよく 左翼
拼音	sa.yo.ku.
中譯	**左翼**

單字	じょうもんじだい 縄文時代
拼音	jo.u.mo.n.ji.da.i.
中譯	**繩文時代**

單字	やよいじだい 弥生時代
拼音	ya.yo.i.ji.da.i.
中譯	**彌生時代**

單字	こふんじだい 古墳時代
拼音	ko.fu.n.Ji.da.l.
中譯	**古墳時代**

單字	あすかじだい 飛鳥時代
拼音	a.su.ka.ji.da.i.
中譯	**飛鳥時代**

單字	ならじだい 奈良時代
拼音	na.ra.ji.da.i.
中譯	**奈良時代**

單字	へいあんじだい 平安時代
拼音	he.i.a.n.ji.da.i.
中譯	**平安時代**

單字	かまくらじだい 鎌倉時代
拼音	ka.ma.ku.ra.ji.da.i.
中譯	**鎌倉時代**

1
2
3
4
5
6
7
8 政治・歷史與網路科技
9

單字	むろまちじだい 室町時代
拼音	mu.ro.ma.chi.ji.da.i.
中譯	**室町時代**

單字	せんごくじだい 戦国時代
拼音	se.n.go.ku.ji.da.i.
中譯	**戰國時代**

單字	えどじだい 江戸時代
拼音	e.do.ji.da.i.
中譯	**江戶時代**

單字	めいじじだい 明治時代
拼音	me.i.ji.ji.da.i.
中譯	**明治時代**

單字	たいしょうじだい 大正時代
拼音	ta.i.sho.u.ji.da.i.
中譯	**大正時代**

單字	しょうわじだい 昭和時代
拼音	sho.u.wa.ji.da.i.
中譯	**昭和時代**

單字	へいせいじだい 平成時代
拼音	he.i.se.i.ji.da.i.
中譯	**平成時代**

單字	てんのう 天皇
拼音	te.n.no.u.
中譯	**天皇**

單字	ばくふ 幕府
拼音	ba.ku.fu.
中譯	**幕府**

單字	しょうぐん 将軍
拼音	sho.u.gu.n.
中譯	**將軍**

單字	ぶし 武士
拼音	bu.shi.
中譯	**武士**

單字	せんそう 戦争
拼音	se.n.so.u.
中譯	**戰爭**

單字	ぐんたい 軍隊
拼音	gu.n.ta.i.
中譯	**軍隊**

單字	しょくみん 殖民
拼音	sho.ku.mi.n.
中譯	**殖民**

政治、歷史與網路科技

單字	武器 ぶき
拼音	bu.ki.
中譯	**武器**

單字	銃 じゅう
拼音	ju.u.
中譯	**槍**

單字	インターネット
拼音	i.n.ta.a.ne.tto.
中譯	**網際網路**

單字	ウェブサイト
拼音	we.bu.sa.i.to.
中譯	**網站**

單字	電子メール でんし
拼音	de.n.shi.me.e.ru.
中譯	**電子郵件**

單字	顔文字 かおもじ
拼音	ka.o.mo.ji.
中譯	**表情文字**

單字	メル友 とも
拼音	me.ru.to.mo.
中譯	**網友**

單字	アップロード
拼音	a.ppu.ro.o.do.
中譯	**上傳**

單字	ダウンロード
拼音	da.u.n.ro.o.do.
中譯	**下載**

單字	ユーチューブ
拼音	yu.u.chu.u.bu.
中譯	**Youtube**

單字	ブログ
拼音	bu.ro.gu.
中譯	**部落格**

單字	フェイスブック
拼音	fe.i.su.bu.kku.
中譯	**臉書**

單字	文字化け
拼音	mo.ji.ba.ke.
中譯	**亂碼**

1

2

單字	<ruby>恋愛<rt>れんあい</rt></ruby>
拼音	re.n.a.i.
中譯	**戀愛**

3

單字	<ruby>恋人<rt>こいびと</rt></ruby>
拼音	ko.i.bi.to.
中譯	**戀人**

4

5

單字	カップル
拼音	ka.ppu.ru.
中譯	**情侶**

6

單字	<ruby>片思い<rt>かたおも</rt></ruby>
拼音	ka.ta.o.mo.i.
中譯	**單戀**

7

單字	<ruby>両思い<rt>りょうおも</rt></ruby>
拼音	ryo.u.o.mo.i.
中譯	**相愛**

8

9
感情

單字	<ruby>一目ぼれ<rt>ひとめ</rt></ruby>
拼音	hi.to.me.bo.re.
中譯	**一見鍾情**

單字	<ruby>巡り合う<rt>めぐ あ</rt></ruby>
拼音	me.gu.ri.a.u.
中譯	**邂逅、巧遇**

單 字	ラブレター	
拼 音	ra.bu.re.ta.a.	
中 譯	**情書**	

單 字	こくはく 告白	
拼 音	ko.ku.ha.ku.	
中 譯	**告白**	

單 字	つ あ 付き合う	
拼 音	tsu.ki.a.u.	
中 譯	**交往**	

單 字	デート	
拼 音	de.e.to.	
中 譯	**約會**	

單 字	キス	
拼 音	ki.su.	
中 譯	**接吻**	

單 字	どうせい 同棲	
拼 音	do.u.se.i.	
中 譯	**同居**	

單 字	ロマンチック	
拼 音	ro.ma.n.chi.kku.	
中 譯	**浪漫**	

1
2
3
4
5
6
7
8

9
感情

單字	別れ わか
拼音	wa.ka.re.
中譯	**分手**

單字	失恋 しつれん
拼音	shi.tsu.re.n.
中譯	**失戀**

單字	浮気 うわき
拼音	u.wa.ki.
中譯	**劈腿**

單字	お見合い み あ
拼音	o.mi.a.i.
中譯	**相親**

單字	デート
拼音	de.e.to.
中譯	**約會**

單字	合コン ごう
拼音	go.u.ko.n.
中譯	**聯誼**

單字	結婚式 けっこんしき
拼音	ke.kko.n.shi.ki.
中譯	**結婚典禮**

9 感情

A：今日一緒にご飯を食べない？
kyo.u.i.ssho.ni.go.ha.n.o.ta.be.na.i.
今天要不要一起去吃飯？

B：うん、いいよ！何が食べたい？
u.n./i.i.yo./na.ni.ga.ta.be.ta.i.
恩，好啊！想要吃甚麼呢？

A：パスタはどう？
pa.su.ta.wa.do.u.
義大利麵怎麼樣？

B：うん！いいよ！
u.n./i.i.yo.
嗯！好喔！

A：ねえ、見て、これ昨日買ったカバンだよ。
ne.e/mi.te./ko.re.ki.no.u.ka.tta.ka.ba.n.da.yo.
唉，你看，這是昨天買的包包喔。

B：わあ、可愛いね！これ高いよね？
wa.a./ka.wa.i.i.ne./ko.re.ta.ka.i.yo.ne.
哇，好可愛呢！這個很貴吧？

A：ううん、安かったよ！
u.u.n./ya.su.ka.tta.yo.
不，很便宜喔！

情境會話

A：中山さん、週末一緒にどっか遊びにいこう！
na.ka.ya.ma.sa.n./shu.u.ma.tsu.i.ssho.ni.do.kka.a.so.

bi.ni.i.ko.u.

中山，周末一起去哪裡玩吧！

B：ごめん、最近ちょっと忙しい。
go.me.n./sa.i.ki.n.cho.tto.i.so.ga.shi.i.

抱歉，最近有點忙。

A：どうして？
do.u.shi.te.

為什麼呢？

B：学校のレポートがたくさんあるから。
ga.kko.u.no.re.po.o.to.ga.ta.ku.sa.na.ru.ka.ra.

學校有很多報告要做。

- -

A：後藤さん、今日、飲みに行かない？
go.to.u.sa.n./kyo.u./no.mi.ni.i.ka.na.i.

後藤，今天要不要一起去喝一杯？

B：ごめんね、今日は残業しなければならないん
だ。
go.me.n.ne./kyo.u.wa.za.n.gyo.u.shi.na.ke.re.ba.na.ra.

na.i.n.da.

抱歉，我今天必須要加班。

4

交通、地理與景點

1 交通

2

3

4

5

單字	交通
拼音	こうつう
	ko.u.tsu.u.
中譯	**交通**

單字	自転車
拼音	じてんしゃ
	ji.te.n.sha.
中譯	**腳踏車**

單字	人力車
拼音	じんりきしゃ
	ji.n.ri.ki.sha.
中譯	**人力車**

單字	スクーター
拼音	su.ku.u.ta.a.
中譯	**輕型機車**

單字	バイク
拼音	ba.i.ku.
中譯	**摩托車**

單字	車
拼音	くるま
	ku.ru.ma.
中譯	**車子**

單字	タクシー
拼音	ta.ku.shi.i.
中譯	**計程車**

單 字	バス
拼 音	ba.su.
中 譯	**公車**

單 字	地下鉄
拼 音	chi.ka.te.tsu.
中 譯	**地下鐵**

單 字	電車
拼 音	de.n.sha.
中 譯	**電車**

單 字	汽車
拼 音	ki.sha.
中 譯	**火車**

單 字	新幹線
拼 音	shi.n.ka.n.se.n.
中 譯	**新幹線**

單 字	飛行機
拼 音	hi.ko.u.ki.
中 譯	**飛機**

單 字	ヘリコプター
拼 音	he.ri.ko.pu.ta.a.
中 譯	**直升機**

單 字	ふね 船
拼 音	fu.ne.
中 譯	**船**

單 字	ヨット
拼 音	yo.tto
中 譯	**快艇、遊艇**

單 字	ロープウェー
拼 音	ro.o.pu.we.e.
中 譯	**纜車**

單 字	パトカー
拼 音	pa.to.ka.a.
中 譯	**警車**

單 字	きゅうきゅうしゃ 救急車
拼 音	kyu.u.kyu.u.sha.
中 譯	**救護車**

單 字	みなと 港
拼 音	mi.na.to.
中 譯	**港口、碼頭**

單 字	てい バス停
拼 音	ba.su.te.i.
中 譯	**公車站**

單 字	<ruby>駅<rt>えき</rt></ruby>
拼 音	e.ki.
中 譯	**車站**

單 字	<ruby>駅員<rt>えきいん</rt></ruby>
拼 音	e.ki.i.n.
中 譯	**站務員**

單 字	<ruby>時刻表<rt>じこくひょう</rt></ruby>
拼 音	ji.ko.ku.hyo.u.
中 譯	**時刻表**

單 字	<ruby>案内所<rt>あんないじょ</rt></ruby>
拼 音	a.n.na.i.jo.
中 譯	**服務台**

單 字	ホーム
拼 音	ho.o.mu.
中 譯	**月台**

單 字	<ruby>切符<rt>きっぷ</rt></ruby>
拼 音	ki.ppu.
中 譯	**車票**

單 字	<ruby>回数券<rt>かいすうけん</rt></ruby>
拼 音	ka.i.su.u.ke.n.
中 譯	**回數券**

2

3

4

5

單字	いちにちじょうしゃけん 一日乗車券
拼音	i.chi.ni.chi.jo.u.sha.ke.n.
中譯	**一日乘車券**

單字	じどうかいさつ 自動改札
拼音	ji.do.u.ka.i.sa.tsu.
中譯	**自動剪票口**

單字	いりぐち 入口
拼音	i.ri.gu.chi.
中譯	**入口**

單字	でぐち 出口
拼音	de.gu.chi.
中譯	**出口**

單字	ひじょうぐち 非常口
拼音	hi.jo.u.gu.chi.
中譯	**緊急出口**

單字	おうふく 往復
拼音	o.u.fu.ku.
中譯	**來回**

單字	かたみち 片道
拼音	ka.ta.mi.chi.
中譯	**單程**

單字	の か 乗り換え
拼音	no.ri.ka.e.
中譯	**轉車**

單字	しはつ 始発
拼音	shi.ha.tsu.
中譯	**首班車**

單字	しゅうでん 終電
拼音	shu.u.de.n.
中譯	**末班車**

單字	していせき 指定席
拼音	shi.te.i.se.ki.
中譯	**指定席**

單字	じゆうせき 自由席
拼音	ji.yu.u.se.ki.
中譯	**自由席**

單字	まどがわせき 窓側席
拼音	ma.do.ga.wa.se.ki.
中譯	**靠窗座位**

單字	つうろがわせき 通路側席
拼音	tsu.u.ro.ga.wa.se.ki.
中譯	**走道座位**

単字 空港（くうこう）
拼音 ku.u.ko.u.
中譯 **機場**

単字 エコノミークラス
拼音 e.ko.no.mi.i.ku.ra.su.
中譯 **經濟艙**

単字 ビジネスクラス
拼音 bi.ji.ne.su.ku.ra.su.
中譯 **商務艙**

単字 ファーストクラス
拼音 fa.a.su.to.ku.ra.su.
中譯 **頭等艙**

単字 免税店（めんぜいてん）
拼音 me.n.ze.i.te.n.
中譯 **免税店**

単字 入国審査（にゅうこくしんさ）
拼音 nyu.u.ko.ku.shi.n.sa.
中譯 **入境審查**

単字 税関（ぜいかん）
拼音 ze.i.ka.n.
中譯 **海關**

單 字	パスポート
拼 音	pa.su.po.o.to.
中 譯	護照

單 字	ビザ
拼 音	bi.za.
中 譯	簽證

單 字	航空券
拼 音	ko.u.ku.u.ke.n.
中 譯	機票

單 字	歩行者
拼 音	ho.ko.u.sha.
中 譯	行人

單 字	乗客
拼 音	jo.u.kya.ku.
中 譯	乘客

單 字	交通事故
拼 音	ko.u.tsu.u.ji.ko.
中 譯	交通事故

單 字	ラッシュアワー
拼 音	ra.sshu.a.wa.a.
中 譯	交通顛峰時間

1 交通

2

3

4

5

單 字	ハンドル
拼 音	ha.n.do.ru.
中 譯	**方向盤**

單 字	シートベルト
拼 音	shi.i.to.be.ru.to.
中 譯	**安全帶**

單 字	つり革<small>かわ</small>
拼 音	tsu.ri.ka.wa.
中 譯	**拉環**

單 字	運転免許<small>うんてんめんきょ</small>
拼 音	u.n.te.n.me.n.kyo.
中 譯	**駕照**

單 字	サービスエリア
拼 音	sa.a.bi.su.e.ri.a.
中 譯	**休息站**

單字	さっぽろ 札幌
拼音	sa.ppo.ro.
中譯	**札幌**

單字	とうきょう 東京ディズニーランド
拼音	to.u.kyo.u.di.zu.ni.i.ra.n.do.
中譯	**東京迪士尼樂園**

單字	とうきょう 東京タワー
拼音	to.u.kyo.u.ta.wa.a.
中譯	**東京鐵塔**

單字	とうきょう 東京スカイツリー
拼音	to.u.kyo.u.su.ka.i.tsu.ri.i.
中譯	**東京天空樹**

單字	めいじじんぐう 明治神宮
拼音	me.i.ji.ji.n.gu.u.
中譯	**明治神宮**

單字	あさくさ 浅草
拼音	a.sa.ku.sa.
中譯	**淺草**

單字	うえの 上野
拼音	u.e.no.
中譯	**上野**

1

2
日本景點

3

4

5

		うえのどうぶつえん
單	字	上野動物園
拼	音	u.e.no.do.u.bu.tsu.e.n.
中	譯	**上野動物園**

		しんじゅく
單	字	新宿
拼	音	shi.n.ju.ku.
中	譯	**新宿**

		しぶや
單	字	渋谷
拼	音	shi.bu.ya.
中	譯	**渋谷**

		あきはばら
單	字	秋葉原
拼	音	a.ki.ha.ba.ra.
中	譯	**秋葉原**

		びじゅつかん
單	字	ジブリ美術館
拼	音	ji.bu.ri.bi.ju.tsu.ka.n.
中	譯	**吉卜力美術館**

		ふじさん
單	字	富士山
拼	音	fu.ji.sa.n.
中	譯	**富士山**

		おおさかじょう
單	字	大阪城
拼	音	o.o.sa.ka.jo.u.
中	譯	**大阪城**

單字	きんかくじ 金閣寺
拼音	ki.n.ka.ku.ji.
中譯	**金閣寺**

單字	ぎんかくじ 銀閣寺
拼音	gi.n.ka.ku.ji.
中譯	**銀閣寺**

單字	きよみずでら 清水寺
拼音	ki.yo.mi.zu.de.ra.
中譯	**清水寺**

單字	じしゅじんじゃ 地主神社
拼音	ji.shu.ji.n.ja.
中譯	**地主神社**

單字	とうだいじ 東大寺
拼音	to.u.da.i.ji.
中譯	**東大寺**

單字	いつくしまじんじゃ 厳島神社
拼音	i.tsu.ku.shi.ma.ji.n.ja.
中譯	**嚴島神社**

單字	はかた 博多
拼音	ha.ka.ta.
中譯	**博多**

單 字	ハウステンボス
拼 音	ha.u.su.te.n.bo.su.
中 譯	**豪斯登堡**

單 字	^{ゆふいん}湯布院
拼 音	yu.fu.i.n.
中 譯	**湯布院**

單 字	アジア
拼 音	a.ji.a.
中 譯	**亞洲**

單 字	きたちょうせん 北朝鮮
拼 音	ki.ta.cho.u.se.n.
中 譯	**北韓**

單 字	かんこく 韓国
拼 音	ka.n.ko.ku.
中 譯	**韓國**

單 字	モンゴル
拼 音	mo.n.go.ru.
中 譯	**外蒙古**

單 字	ちゅうごく 中国
拼 音	chu.u.go.ku.
中 譯	**中國**

單 字	にほん 日本
拼 音	ni.ho.n.
中 譯	**日本**

單 字	たいわん 台湾
拼 音	ta.i.wa.n.
中 譯	**台灣**

3 世界各國

1

2

4

5

單字	フィリピン
拼音	fi.ri.pi.n.
中譯	菲律賓

單字	ベトナム
拼音	be.to.na.mu.
中譯	越南

單字	カンボジア
拼音	ka.n.bo.ji.a.
中譯	柬埔寨

單字	ラオス
拼音	ra.o.su.
中譯	寮國

單字	タイ
拼音	ta.i.
中譯	泰國

單字	ミャンマー
拼音	mya.n.ma.a.
中譯	緬甸

單字	マレーシア
拼音	ma.re.e.shi.a.
中譯	馬來西亞

單字	シンガポール
拼音	shi.n.ga.po.o.ru.
中譯	新加坡

單字	インドネシア
拼音	i.n.do.ne.shi.a.
中譯	印尼

單字	インド
拼音	i.n.do.
中譯	印度

單字	スリランカ
拼音	su.ri.ra.n.ka.
中譯	斯里蘭卡

單字	ネパール
拼音	ne.pa.a.ru.
中譯	尼泊爾

單字	ブータン
拼音	bu.u.ta.n.
中譯	不丹

單字	バングラデシュ
拼音	ba.n.gu.ra.de.shu.
中譯	孟加拉

1

2

3 世界各國

4

5

單字	アフガニスタン
拼音	a.fu.ga.ni.su.ta.n.
中譯	阿富汗

單字	パキスタン
拼音	pa.ki.su.ta.n.
中譯	巴基斯坦

單字	イラン
拼音	i.ra.n.
中譯	伊朗

單字	イラク
拼音	i.ra.ku.
中譯	伊拉克

單字	イスラエル
拼音	i.su.ra.e.ru.
中譯	以色列

單字	サウジアラビア
拼音	sa.u.ji.a.ra.bi.a.
中譯	沙烏地阿拉伯

單字	アメリカ
拼音	a.me.ri.ka.
中譯	美國

單字	カナダ
拼音	ka.na.da.
中譯	加拿大

單字	メキシコ
拼音	me.ki.shi.ko.
中譯	墨西哥

單字	ブラジル
拼音	bu.ra.ji.ru.
中譯	巴西

單字	ペルー
拼音	pe.ru.u.
中譯	祕魯

單字	チリ
拼音	chi.ri.
中譯	智利

單字	グリーンランド
拼音	gu.ri.i.n.ra.n.do.
中譯	格陵蘭

單字	ヨーロッパ
拼音	yo.o.ro.ppa.
中譯	歐洲

1

2

3 世界各國

4

5

單字	アイスランド
拼音	a.i.su.ra.n.do.
中譯	冰島

單字	アイルランド
拼音	a.i.ru.ra.n.do.
中譯	愛爾蘭

單字	イギリス
拼音	i.gi.ri.su.
中譯	英國

單字	ノルウェー
拼音	no.ru.we.e.
中譯	挪威

單字	スウェーデン
拼音	su.we.e.de.n.
中譯	瑞典

單字	フィンランド
拼音	fi.n.ra.n.do.
中譯	芬蘭

單字	ポルトガル
拼音	po.ru.to.ga.ru.
中譯	葡萄牙

單 字	スペイン
拼 音	su.pe.i.n.
中 譯	**西班牙**

單 字	フランス
拼 音	fu.ra.n.su.
中 譯	**法國**

單 字	オランダ
拼 音	o.ra.n.da.
中 譯	**荷蘭**

單 字	ベルギー
拼 音	be.ru.gi.i.
中 譯	**比利時**

單 字	デンマーク
拼 音	de.n.ma.a.ku.
中 譯	**丹麥**

單 字	ドイツ
拼 音	do.i.tsu.
中 譯	**德國**

單 字	スイス
拼 音	su.i.su.
中 譯	**瑞士**

1
2
3 世界各國
4
5

單字	イタリア
拼音	i.ta.ri.a.
中譯	**義大利**

單字	ポーランド
拼音	po.o.ra.n.do.
中譯	**波蘭**

單字	チェコ
拼音	che.ko.
中譯	**捷克**

單字	オーストリア
拼音	o.o.su.to.ri.a.
中譯	**奧地利**

單字	ギリシャ
拼音	gi.ri.sha.
中譯	**希臘**

單字	トルコ
拼音	to.ru.ko.
中譯	**土耳其**

單字	ロシア
拼音	ro.shi.a.
中譯	**俄羅斯**

單 字	アフリカ
拼 音	a.fu.ri.ka.
中 譯	**非洲**

單 字	エジプト
拼 音	e.ji.pu.to.
中 譯	**埃及**

單 字	エチオピア
拼 音	e.chi.o.pi.a.
中 譯	**伊索匹亞**

單 字	ケニア
拼 音	ke.ni.a.
中 譯	**肯亞**

單 字	マダガスカル
拼 音	ma.da.ga.su.ka.ru.
中 譯	**馬達加斯加**

單 字	オーストラリア
拼 音	o.o.su.to.ra.ri.a.
中 譯	**澳洲**

單 字	ニュージーランド
拼 音	nyu.u.ji.i.ra.n.do.
中 譯	**紐西蘭**

單字	マンション
拼音	ma.n.sho.n.
中譯	**高級公寓**

單字	アパート
拼音	a.pa.a.to.
中譯	**公寓**

單字	住宅
拼音	ju.u.ta.ku.
中譯	**住家**

單字	ビル
拼音	bi.ru.
中譯	**大樓**

單字	ホテル
拼音	ho.te.ru.
中譯	**飯店**

單字	旅館
拼音	ryo.ka.n.
中譯	**旅館**

單字	病院
拼音	byo.u.i.n.
中譯	**醫院**

		しやくしょ 市役所
單	字	
拼	音	shi.ya.ku.sho.
中	譯	**市政府**

		ゆうびんきょく 郵便局
單	字	
拼	音	yu.u.bi.n.kyo.ku.
中	譯	**郵局**

		ぎんこう 銀行
單	字	
拼	音	gi.n.ko.u.
中	譯	**銀行**

		としょかん 図書館
單	字	
拼	音	to.sho.ka.n.
中	譯	**圖書館**

		びじゅつかん 美術館
單	字	
拼	音	bi.ju.tsu.ka.n.
中	譯	**美術館**

		はくぶつかん 博物館
單	字	
拼	音	ha.ku.bu.tsu.ka.n.
中	譯	**博物館**

		こうじょう 工場
單	字	
拼	音	ko.u.jo.u.
中	譯	**工廠**

單 字	ちゅうしゃじょう 駐車場
拼 音	chu.u.sha.jo.u.
中 譯	**停車場**

單 字	こうえん 公園
拼 音	ko.u.e.n.
中 譯	**公園**

單 字	はたけ 畑
拼 音	ha.ta.ke.
中 譯	**田地**

單 字	じんじゃ 神社
拼 音	ji.n.ja.
中 譯	**神社**

單 字	とりい 鳥居
拼 音	to.ri.i.
中 譯	**鳥居**

單 字	てら お寺
拼 音	o.te.ra.
中 譯	**寺廟**

單 字	きょうかい 教会
拼 音	kyo.u.ka.i.
中 譯	**教堂**

單字	ようちえん 幼稚園
拼音	yo.u.chi.e.n.
中譯	幼稚園

單字	しょうがっこう 小学校
拼音	sho.u.ga.kko.u.
中譯	國小

單字	ちゅうがっこう 中学校
拼音	chu.u.ga.kko.u.
中譯	中學

單字	こうこう 高校
拼音	ko.u.ko.u.
中譯	高中

單字	せんもんがっこう 専門学校
拼音	se.n.mo.n.ga.kko.u.
中譯	專科學校

單字	だいがく 大学
拼音	da.i.ga.ku.
中譯	大學

單字	じゅく 塾
拼音	ju.ku.
中譯	補習班、私人學校

1

2

3

4
街景與建築物

5

單字	映画館 <small>えいがかん</small>
拼音	e.i.ga.ka.n.
中譯	電影院

單字	本屋 <small>ほんや</small>
拼音	ho.n.ya.
中譯	書店

單字	八百屋 <small>やおや</small>
拼音	ya.o.ya.
中譯	蔬菜店

單字	床屋 <small>とこや</small>
拼音	to.ko.ya.
中譯	理髮店

單字	クリーニング屋さん
拼音	ku.ri.i.ni.n.gu.ya.sa.n.
中譯	洗衣店

單字	商店街 <small>しょうてんがい</small>
拼音	sho.u.te.n.ga.i.
中譯	商店街

單字	ショッピングセンター
拼音	sho.ppi.n.gu.se.n.ta.a.
中譯	購物中心

單 字	デパート
拼 音	de.pa.a.to.
中 譯	**百貨公司**

單 字	スーパー
拼 音	su.u.pa.a.
中 譯	**超市**

單 字	コンビニ
拼 音	ko.n.bi.ni.
中 譯	**便利商店**

單 字	ドラッグストア
拼 音	do.ra.ggu.su.to.a.
中 譯	**藥妝店**

單 字	レストラン
拼 音	re.su.to.ra.n.
中 譯	**餐廳**

單 字	きっさてん 喫茶店
拼 音	ki.ssa.te.n.
中 譯	**咖啡廳**

單 字	いざかや 居酒屋
拼 音	i.za.ka.ya.
中 譯	**居酒屋**

單字	バー
拼音	ba.a.
中譯	**酒吧**

單字	<ruby>遊園地<rt>ゆうえんち</rt></ruby>
拼音	yu.u.e.n.chi.
中譯	**遊樂園**

單字	<ruby>水族館<rt>すいぞくかん</rt></ruby>
拼音	su.i.zo.ku.ka.n.
中譯	**水族館**

單字	<ruby>動物園<rt>どうぶつえん</rt></ruby>
拼音	do.u.bu.tsu.e.n.
中譯	**動物園**

單字	<ruby>博物館<rt>はくぶつかん</rt></ruby>
拼音	ha.ku.bu.tsu.ka.n.
中譯	**博物館**

單字	ジム
拼音	ji.mu.
中譯	**健身房**

單字	プール
拼音	pu.u.ru.
中譯	**游泳池**

單 字	スケートリンク
拼 音	su.ke.e.to.ri.n.ku.
中 譯	**溜冰場**

單 字	<ruby>温泉<rt>おんせん</rt></ruby>
拼 音	o.n.se.n.
中 譯	**溫泉**

單 字	<ruby>交差点<rt>こうさてん</rt></ruby>
拼 音	ko.u.sa.te.n.
中 譯	**十字路口**

單 字	<ruby>自動販売機<rt>じどうはんばいき</rt></ruby>
拼 音	ji.do.u.ha.n.ba.i.ki.
中 譯	**自動販賣機**

單 字	<ruby>公衆電話<rt>こうしゅうでんわ</rt></ruby>
拼 音	ko.u.shu.u.de.n.wa.
中 譯	**公共電話**

單 字	<ruby>郵便<rt>ゆうびん</rt></ruby>ポスト
拼 音	yu.u.bi.n.po.su.to.
中 譯	**郵筒**

單 字	<ruby>信号<rt>しんごう</rt></ruby>
拼 音	shi.n.go.u.
中 譯	**紅綠燈**

1

2

3

4
街景與建築物

5

單字	^{おうだんほどう}横断歩道
拼音	o.u.da.n.ho.do.u.
中譯	**斑馬線**

單字	^{ほどうきょう}歩道橋
拼音	ho.do.u.kyo.u.
中譯	**天橋**

單字	^{こうつうひょうしき}交通標識
拼音	ko.u.tsu.u.hyo.u.shi.ki.
中譯	**交通標誌**

單字	^{がいとう}街灯
拼音	ga.i.to.u.
中譯	**路燈**

單字	^{でんちゅう}電柱
拼音	de.n.chu.u.
中譯	**電線桿**

單字	^{てっとう}鉄塔
拼音	te.tto.u.
中譯	**電塔**

單字	エレベーター
拼音	e.re.be.e.ta.a.
中譯	**電梯**

單 字	エスカレーター
拼 音	e.su.ka.re.e.ta.a.
中 譯	**手扶梯**

單 字	滑り台
拼 音	su.be.ri.da.i.
中 譯	**溜滑梯**

單 字	ブランコ
拼 音	bu.ra.n.ko.
中 譯	**鞦韆**

單 字	シーソー
拼 音	shi.i.so.o.
中 譯	**蹺蹺板**

單 字	ベンチ
拼 音	be.n.chi.
中 譯	**長椅**

單 字	ジェットコースター
拼 音	je.tto.ko.o.su.ta.a.
中 譯	**雲霄飛車**

單 字	メリーゴーランド
拼 音	me.ri.i.go.o.ra.n.do.
中 譯	**旋轉木馬**

單字	コーヒーカップ
拼音	ko.o.hi.i.ka.ppu.
中譯	咖啡杯

單字	フリーフォール
拼音	fu.ri.i.fo.o.ru.
中譯	自由落體

單字	バイキング
拼音	ba.i.ki.n.gu.
中譯	海盜船

單字	かんらんしゃ 観覧車
拼音	ka.n.ra.n.sha.
中譯	摩天輪

單字	ば　　やしき お化け屋敷
拼音	o.ba.ke.ya.shi.ki.
中譯	鬼屋

單 字	<ruby>方向<rt>ほうこう</rt></ruby>
拼 音	ho.u.ko.u.
中 譯	**方向**

單 字	<ruby>北<rt>きた</rt></ruby>
拼 音	ki.ta.
中 譯	**北**

單 字	<ruby>南<rt>みなみ</rt></ruby>
拼 音	ml.na.ml.
中 譯	**南**

單 字	<ruby>西<rt>にし</rt></ruby>
拼 音	ni.shi.
中 譯	**西**

單 字	<ruby>東<rt>ひがし</rt></ruby>
拼 音	hi.ga.shi.
中 譯	**東**

單 字	<ruby>東南<rt>とうなん</rt></ruby>
拼 音	to.u.na.n.
中 譯	**東南**

單 字	<ruby>東北<rt>とうほく</rt></ruby>
拼 音	to.u.ho.ku.
中 譯	**東北**

1

2

3

4

5
方位

單字	せいなん 西南
拼音	se.i.na.n.
中譯	**西南**

單字	せいほく 西北
拼音	se.i.ho.ku.
中譯	**西北**

單字	うえ 上
拼音	u.e.
中譯	**上**

單字	した 下
拼音	shi.ta.
中譯	**下**

單字	ひだり 左
拼音	hi.da.ri.
中譯	**左**

單字	みぎ 右
拼音	mi.gi.
中譯	**右**

單字	まえ 前
拼音	ma.e.
中譯	**前**

單 字	<ruby>後<rt>うし</rt></ruby>ろ
拼 音	u.shi.ro.
中 譯	**後**

單 字	<ruby>隣<rt>となり</rt></ruby>
拼 音	to.na.ri.
中 譯	**旁邊**

單 字	<ruby>側<rt>そば</rt></ruby>
拼 音	so.ba
中 譯	**旁邊**

單 字	<ruby>表<rt>おもて</rt></ruby>
拼 音	o.mo.te.
中 譯	**正面**

單 字	<ruby>裏<rt>うら</rt></ruby>
拼 音	u.ra.
中 譯	**反面**

單 字	<ruby>左利<rt>ひだりき</rt></ruby>き
拼 音	hi.da.ri.ki.ki.
中 譯	**左撇子**

單 字	<ruby>右利<rt>みぎき</rt></ruby>き
拼 音	mi.gi.ki.ki.
中 譯	**右撇子**

情境會話

A：すみませんが、京都駅はどこですか？
su.mi.ma.se.n.ga./kyo.u.to.e.ki.wa.do.ko.de.su.ka.
不好意思，請問京都車站在哪裡呢？

B：あちらですよ。
a.chi.ra.de.su.yo.
在那邊喔。

A：ありがとうございます。
a.ri.ga.to.u.go.za.i.ma.su.
謝謝。

A：私たち、明日はどうやって行きますか？
wa.ta.shi.ta.chi./a.shi.ta.wa.do.u.ya.tte.i.ki.ma.su.ka.
我們明天要怎麼去？

B：タクシーに乗って行きますよ。
ta.ku.shi.i.ni.no.tte.i.ki.ma.su.yo.
坐計程車去喔。

A：分かりました。
wa.ka.ri.ma.shi.ta.
我知道了。

A：ご出身はどこですか？
go.shu.sshi.n.wa.do.ko.de.su.ka.
請問是哪裡人？

B：秋田です。
a.ki.ta.de.su.
秋田。

A：夏休みに家族と海外旅行に行くよ。
na.tsu.ya.su.mi.ni.ka.zo.ku.to.ka.i.ga.i.ryo.ko.u.ni.i.ku.

yo.
暑假的時候要和家人去國外旅行喔。

B：いいなあ、どの国に行くの？
i.i.na.a./do.no.ku.ni.ni.i.ku.no.
真好，要去哪個國家？

A：フランスだよ。
fu.ra.n.su.da.yo.
去法國喔。

B：わあ、羨ましい。
wa.a./u.ra.ya.ma.shi.i.
哇，好羨慕。

5

天氣及大自然

單 字	はる 春
拼 音	ha.ru.
中 譯	春天

單 字	なつ 夏
拼 音	na.tsu.
中 譯	夏天

單 字	あき 秋
拼 音	a.ki.
中 譯	秋天

單 字	ふゆ 冬
拼 音	fu.yu.
中 譯	冬天

單 字	てんき 天気
拼 音	te.n.ki.
中 譯	天氣

單 字	きしょう 気象
拼 音	ki.sho.u.
中 譯	氣象

單 字	きおん 気温
拼 音	ki.o.n.
中 譯	氣溫

單字	は 晴れ
拼音	ha.re.
中譯	**晴天**

單字	くも 曇り
拼音	ku.mo.ri.
中譯	**陰天**

單字	あまぐも 雨雲
拼音	a.ma.gu.mo.
中譯	**烏雲**

單字	あめ 雨
拼音	a.me.
中譯	**雨**

單字	つ ゆ 梅雨
拼音	tsu.yu.
中譯	**梅雨**

單字	てんきあめ 天気雨
拼音	te.n.ki.a.me.
中譯	**太陽雨**

單字	かみなり 雷
拼音	ka.mi.na.ri.
中譯	**雷**

1 天氣、自然及宇宙

2

3

單字	かぜ 風
拼音	ka.ze.
中譯	風

單字	きり 霧
拼音	ki.ri.
中譯	霧

單字	しも 霜
拼音	shi.mo.
中譯	霜

單字	ゆき 雪
拼音	yu.ki.
中譯	雪

單字	ゆき 雪だるま
拼音	yu.ki.da.ru.ma.
中譯	雪人

單字	なだれ 雪崩
拼音	na.da.re.
中譯	雪崩

單字	ぼうふうせつ 暴風雪
拼音	bo.u.fu.u.se.tsu.
中譯	暴風雪

單字	<ruby>台風<rt>たいふう</rt></ruby>
拼音	ta.i.fu.u.
中譯	**颱風**

單字	<ruby>台風の目<rt>たいふう め</rt></ruby>
拼音	ta.i.fu.u.no.me.
中譯	**颱風眼**

單字	<ruby>竜巻<rt>たつまき</rt></ruby>
拼音	ta.tsu.ma.ki.
中譯	**龍捲風**

單字	<ruby>地震<rt>じしん</rt></ruby>
拼音	ji.shi.n.
中譯	**地震**

單字	<ruby>余震<rt>よしん</rt></ruby>
拼音	yo.shi.n.
中譯	**餘震**

單字	<ruby>震央<rt>しんおう</rt></ruby>
拼音	shi.n.o.u.
中譯	**震央**

單字	<ruby>洪水<rt>こうずい</rt></ruby>
拼音	ko.u.zu.i.
中譯	**洪水**

單字	ごうう 豪雨
拼音	go.u.u.
中譯	暴雨

單字	つなみ 津波
拼音	tsu.na.mi.
中譯	海嘯

單字	やまくず 山崩れ
拼音	ya.ma.ku.zu.re.
中譯	山崩

單字	らくせき 落石
拼音	ra.ku.se.ki.
中譯	落石

單字	かざんふんか 火山噴火
拼音	ka.za.n.fu.n.ka.
中譯	火山噴發

單字	かざんばい 火山灰
拼音	ka.za.n.ba.i.
中譯	火山灰

單字	どせきりゅう 土石流
拼音	do.se.ki.ryu.u.
中譯	土石流

單 字	か じ 火事
拼 音	ka.ji.
中 譯	**火災**

單 字	たいよう 太陽
拼 音	ta.i.yo.u.
中 譯	**太陽**

單 字	つき 月
拼 音	tsu.ki.
中 譯	**月亮**

單 字	ほし 星
拼 音	ho.shi.
中 譯	**星星**

單 字	なが ぼし 流れ星
拼 音	na.ga.re.bo.shi.
中 譯	**流星**

單 字	くも 雲
拼 音	ku.mo.
中 譯	**雲**

單 字	にじ 虹
拼 音	ni.ji.
中 譯	**彩虹**

單字	やま 山
拼音	ya.ma.
中譯	山

單字	もり 森
拼音	mo.ri.
中譯	森林

單字	がけ 崖
拼音	ga.ke.
中譯	懸崖

單字	うみ 海
拼音	u.mi.
中譯	海

單字	うみべ 海辺
拼音	u.mi.be.
中譯	海邊

單字	すなはま 砂浜
拼音	su.na.ha.ma.
中譯	海灘

單字	たき 滝
拼音	ta.ki.
中譯	瀑布

單字	かわ 川
拼音	ka.wa.
中譯	河川

單字	みずうみ 湖
拼音	mi.zu.u.mi.
中譯	湖

單字	けいりゅう 渓流
拼音	ke.i.ryu.u.
中譯	溪流

單字	いけ 池
拼音	i.ke.
中譯	池塘

單字	いわ 岩
拼音	i.wa.
中譯	岩石

單字	いし 石
拼音	i.shi.
中譯	石頭

單字	うちゅう 宇宙
拼音	u.chu.u.
中譯	宇宙

單字	すいせい 水星
拼音	su.i.se.i.
中譯	水星

單字	きんせい 金星
拼音	ki.n.se.i.
中譯	金星

單字	ちきゅう 地球
拼音	chi.kyu.u.
中譯	地球

單字	かせい 火星
拼音	ka.se.i.
中譯	火星

單字	もくせい 木星
拼音	mo.ku.se.i.
中譯	木星

單字	どせい 土星
拼音	do.se.i.
中譯	土星

單字	てんのうせい 天王星
拼音	te.n.no.u.se.i.
中譯	天王星

單 字	かいおうせい 海王星
拼 音	ka.i.o.u.se.i.
中 譯	海王星

單 字	めいおうせい 冥王星
拼 音	me.i.o.u.se.i.
中 譯	冥王星

單 字	ぎんが 銀河
拼 音	gi.n.ga.
中 譯	銀河

單 字	ブラックホール
拼 音	bu.ra.kku.ho.o.ru.
中 譯	黑洞

單 字	わくせい 惑星
拼 音	wa.ku.se.i.
中 譯	行星

單 字	こうせい 恒星
拼 音	ko.u.se.i.
中 譯	恆星

單 字	えいせい 衛星
拼 音	e.i.se.i.
中 譯	衛星

單 字	すいせい 彗星
拼 音	su.i.se.i.
中 譯	彗星

單 字	うちゅうじん 宇宙人
拼 音	u.chu.u.ji.n.
中 譯	外星人

單 字	ユーフォー
拼 音	u.u.fo.o.
中 譯	飛碟

單 字	うちゅうせん 宇宙船
拼 音	u.chu.u.se.n.
中 譯	太空船

單 字	うちゅうひこうし 宇宙飛行士
拼 音	u.chu.u.hi.ko.u.shi.
中 譯	太空人

單 字	じんこうえいせい 人工衛星
拼 音	ji.n.ko.u.e.i.se.i.
中 譯	人造衛星

單 字	どうぶつ 動物
拼 音	do.u.bu.tsu.
中 譯	動物

單 字	いぬ 犬
拼 音	i.nu.
中 譯	狗

單 字	ねこ 猫
拼 音	ne.ko.
中 譯	貓

單 字	ねずみ 鼠
拼 音	ne.zu.mi.
中 譯	老鼠

單 字	り す 栗鼠
拼 音	ri.su.
中 譯	松鼠

單 字	うさぎ 兔
拼 音	u.sa.gi.
中 譯	兔子

單 字	にわとり 鶏
拼 音	ni.wa.to.ri.
中 譯	雞

1

2 動物與植物

3

單 字	かも 鴨
拼 音	ka.mo.
中 譯	鴨子

單 字	がちょう 鵞鳥
拼 音	ga.cho.u.
中 譯	鵝

單 字	とり 鳥
拼 音	to.ri.
中 譯	鳥、雞

單 字	からす 烏
拼 音	ka.ra.su.
中 譯	烏鴉

單 字	はと 鳩
拼 音	ha.to.
中 譯	鴿子

單 字	かもめ 鴎
拼 音	ka.mo.me.
中 譯	海鷗

單 字	ふくろう 梟
拼 音	fu.ku.ro.u.
中 譯	貓頭鷹

單 字	つばめ 燕
拼 音	tsu.ba.me.
中 譯	**燕子**

單 字	おうむ 鸚鵡
拼 音	o.u.mu.
中 譯	**鸚鵡**

單 字	たか 鷹
拼 音	ta.ka.
中 譯	**鷹**

單 字	ぶた 豚
拼 音	bu.ta.
中 譯	**豬**

單 字	いのしし 猪
拼 音	i.no.shi.shi.
中 譯	**野豬**

單 字	うし 牛
拼 音	u.shi.
中 譯	**牛**

單 字	うま 馬
拼 音	u.ma.
中 譯	**馬**

1

2 動物與植物

3

單字	しまうま
拼音	shi.ma.u.ma.
中譯	斑馬

單字	<ruby>羊<rt>ひつじ</rt></ruby>
拼音	hi.tsu.ji.
中譯	綿羊

單字	<ruby>山羊<rt>や ぎ</rt></ruby>
拼音	ya.gi.
中譯	山羊

單字	<ruby>狐<rt>きつね</rt></ruby>
拼音	ki.tsu.ne.
中譯	狐狸

單字	<ruby>狼<rt>おおかみ</rt></ruby>
拼音	o.o.ka.mi.
中譯	狼

單字	<ruby>豹<rt>ひょう</rt></ruby>
拼音	hyo.u.
中譯	豹

單字	<ruby>鹿<rt>しか</rt></ruby>
拼音	shi.ka.
中譯	鹿

單字	とら 虎
拼音	to.ra.
中譯	老虎

單字	しし 獅子
拼音	shi.shi.
中譯	獅子

單字	くま 熊
拼音	ku.ma.
中譯	熊

單字	ほっきょくぐま 北極熊
拼音	ho.kkyo.ku.gu.ma.
中譯	北極熊

單字	さる 猿
拼音	sa.ru.
中譯	猴子

單字	つる 鶴
拼音	tsu.ru.
中譯	鶴

單字	ぞう 象
拼音	zo.u.
中譯	大象

1

2
動物與植物

3

單字	へび 蛇
拼音	he.bi.
中譯	**蛇**

單字	らくだ 駱駝
拼音	ra.ku.da.
中譯	**駱駝**

單字	だちょう 駝鳥
拼音	da.cho.u.
中譯	**鴕鳥**

單字	カンガルー
拼音	ka.n.ga.ru.u.
中譯	**袋鼠**

單字	キリン
拼音	gi.ri.n.
中譯	**長頸鹿**

單字	パンダ
拼音	pa.n.da.
中譯	**貓熊**

單字	ペンギン
拼音	pe.n.gi.n.
中譯	**企鵝**

單字	コアラ
拼音	ko.a.ra.
中譯	無尾熊

單字	くじら 鯨
拼音	ku.ji.ra.
中譯	鯨魚

單字	いるか
拼音	i.ru.ka.
中譯	海豚

單字	さかな 魚
拼音	sa.ka.na.
中譯	魚

單字	こい 鯉
拼音	ko.i.
中譯	鯉魚

單字	かめ 亀
拼音	ka.me.
中譯	烏龜

單字	かえる 蛙
拼音	ka.e.ru.
中譯	青蛙

單字	かたつむり
拼音	ka.ta.tsu.mu.ri.
中譯	**蝸牛**

單字	みみず
拼音	mi.mi.zu.
中譯	**蚯蚓**

單字	虫
拼音	mu.shi.
中譯	**昆蟲**

單字	蝶々
拼音	cho.u.cho.u.
中譯	**蝴蝶**

單字	蟻
拼音	a.ri.
中譯	**螞蟻**

單字	ゴキブリ
拼音	go.ki.bu.ri.
中譯	**蟑螂**

單字	蜘蛛
拼音	ku.mo.
中譯	**蜘蛛**

1

2
動物與植物

3

單字	蜂 (はち)
拼音	ha.chi.
中譯	蜜蜂

單字	蚊 (か)
拼音	ka.
中譯	蚊子

單字	蠅 (はえ)
拼音	ha.e.
中譯	蒼蠅

單字	蛍 (ほたる)
拼音	ho.ta.ru.
中譯	螢火蟲

單字	とんぼ
拼音	to.n.bo.
中譯	蜻蜓

單字	百足 (むかで)
拼音	mu.ka.de.
中譯	蜈蚣

單字	カブトムシ
拼音	ka.bu.to.mu.shi.
中譯	獨角仙

1

2 動物與植物

3

單字	しょくぶつ 植物
拼音	sho.ku.bu.tsu.
中譯	植物

單字	くさ 草
拼音	ku.sa.
中譯	草

單字	き 木
拼音	ki.
中譯	樹、樹木

單字	は 葉
拼音	ha.
中譯	葉子

單字	いね 稲
拼音	i.ne.
中譯	稻子

單字	はな 花
拼音	ha.na.
中譯	花

單字	さくら 桜
拼音	sa.ku.ra.
中譯	櫻花

單字	紫陽花 ^{あじさい}
拼音	a.ji.sa.i.
中譯	**繡球花**

單字	向日葵 ^{ひまわり}
拼音	hi.ma.wa.ri.
中譯	**向日葵**

單字	百合 ^{ゆり}
拼音	yu.ri.
中譯	**百合**

單字	菊 ^{きく}
拼音	ki.ku.
中譯	**菊花**

單字	紅葉 ^{もみじ}
拼音	mo.mi.ji.
中譯	**楓葉**

單字	銀杏 ^{いちょう}
拼音	i.cho.u.
中譯	**銀杏**

單字	バラ
拼音	ba.ra.
中譯	**玫瑰**

1

2

動物與植物

3

單字	たけ 竹
拼音	ta.ke.
中譯	**竹子**

單字	まつ 松
拼音	ma.tsu.
中譯	**松樹**

單字	うめ 梅
拼音	u.me.
中譯	**梅花**

單字	ラベンダー
拼音	ra.be.n.da.a.
中譯	**薰衣草**

單 字	色 (いろ)
拼 音	i.ro.
中 譯	顏色

單 字	赤 (あか)
拼 音	a.ka.
中 譯	紅色

單 字	ピンク
拼 音	pi.n.ku.
中 譯	粉紅色

單 字	オレンジ色 (いろ)
拼 音	o.re.n.ji.i.ro.
中 譯	橙色

單 字	黄色 (き いろ)
拼 音	ki.i.ro.
中 譯	黃色

單 字	緑 (みどり)
拼 音	mi.do.ri.
中 譯	綠色

單 字	青 (あお)
拼 音	a.o.
中 譯	藍色、青色

單字	むらさき 紫
拼音	mu.ra.sa.ki.
中譯	**紫色**

單字	しろ 白
拼音	i.ro.
中譯	**白色**

單字	くろ 黒
拼音	ku.ro.
中譯	**黑色**

單字	グレー
拼音	gu.re.e.
中譯	**灰色**

單字	ちゃいろ 茶色
拼音	cha.i.ro.
中譯	**茶色**

單字	きんいろ 金色
拼音	ki.n.i.ro.
中譯	**金色**

單字	ぎんいろ 銀色
拼音	gi.n.i.ro.
中譯	**銀色**

A：お出かけ？
o.de.ka.ke.
你要出門嗎？

B：うん、どうしたの？
u.n./do.u.shi.ta.no.
恩，怎麼了？

A：雨が降りそうだから、傘を持っていてね。
a.me.ga.fu.ri.so.u.da.ka.ra./ka.sa.o.mo.tte.i.te.ne.
因為好像會下雨，把傘帶去吧。

B：うん、ありがとう。
u.n./a.ri.ga.to.u.
恩，謝謝。

A：今日は暑いなぁ。
kyo.u.wa.a.tsu.i.na.
今天好熱呢。

B：夏だからね。
na.tsu.da.ka.ra.ne.
因為是夏天呢。

A：私は緑が好き。坂本さんは？
wa.ta.shi.wa.mi.do.ri.ga.su.ki./sa.ka.mo.to.sa.n.wa.
我喜歡綠色，坂本呢？

B：僕は黒が好き。
bo.ku.wa.ku.ro.ga.su.ki.
我喜歡黑色。

情境會話

A：前田さんはどんな動物が好きですか？
ma.e.da.sa.n.wa.do.n.na.do.u.bu.tsu.ga.su.ki.de.su.ka.
前田喜歡甚麼動物？

B：私は猫が好きです。
wa.ta.shi.wa.ne.ko.ga.su.ki.de.su.
我喜歡貓。

A：そうですか、今猫を飼っていますか？
so.u.de.su.ka./i.ma.ne.ko.o.ka.tte.i.ma.su.ka.
這樣啊，現在有養貓嗎？

B：はい、二匹の猫を飼っていますよ。
ha.i./ni.hi.ki.no.ne.ko.o.ka.tte.i.ma.su.yo.
嗯，有養兩隻喔。

6

生活休閒

	やきゅう
單字	野球
拼音	ya.kyu.u.
中譯	棒球

單字	サッカー
拼音	sa.kka.a.
中譯	足球

單字	バスケットボール
拼音	ba.su.ke.tto.bo.o.ru.
中譯	籃球

單字	バレーボール
拼音	ba.re.e.bo.o.ru.
中譯	排球

單字	ソフトボール
拼音	so.fu.to.bo.o.ru.
中譯	壘球

單字	ハンドボール
拼音	ha.n.do.bo.o.ru.
中譯	手球

單字	バドミントン
拼音	ba.do.mi.n.to.n.
中譯	羽毛球

單字	ピンポン
拼音	pi.n.po.n.
中譯	乒乓球

單字	テニス
拼音	te.ni.su.
中譯	網球

單字	ゴルフ
拼音	go.ru.fu.
中譯	高爾夫球

單字	ホッケー
拼音	ho.kke.e.
中譯	曲棍球

單字	ビリヤード
拼音	bi.ri.ya.a.do.
中譯	撞球

單字	ボーリング
拼音	bo.o.ri.n.gu.
中譯	保齡球

單字	ジョギング
拼音	jo.gi.n.gu.
中譯	慢跑

2

3

4

5

單 字	マラソン
拼 音	ma.ra.so.n.
中 譯	馬拉松

單 字	すいえい 水泳
拼 音	su.i.e.i.
中 譯	游泳

單 字	スキー
拼 音	su.ki.i.
中 譯	滑雪

單 字	スケート
拼 音	su.ke.e.to.
中 譯	溜冰

單 字	ヨーガ
拼 音	yo.o.ga.
中 譯	瑜珈

單 字	ダンベル
拼 音	da.n.be.ru.
中 譯	啞鈴

單 字	ウォーキングマシン
拼 音	wo.o.ki.n.gu.ma.shi.n.
中 譯	跑步機

單字	とびばこ 跳箱
拼音	to.bi.ba.ko.
中譯	跳箱

單字	りくじょう 陸上
拼音	ri.ku.jo.u.
中譯	田徑

單字	ハードル
拼音	ha.a.do.ru.
中譯	跨欄

單字	たいそう 体操
拼音	ta.i.so.u.
中譯	體操

單字	アーチェリー
拼音	a.a.che.ri.i.
中譯	射箭

單字	フェンシング
拼音	fe.n.shi.n.gu.
中譯	擊劍

單字	ボクシング
拼音	bo.ku.shi.n.gu.
中譯	拳擊

1 運動

2

3

4

5

單字	からて 空手
拼音	ka.ra.re.
中譯	**空手道**

單字	じゅうどう 柔道
拼音	ju.u.do.u.
中譯	**柔道**

單字	テコンドー
拼音	te.ko.n.do.o.
中譯	**跆拳道**

單字	レスリング
拼音	re.su.ri.n.gu.
中譯	**角力**

單字	じゅうりょうあ 重量挙げ
拼音	ju.u.ryo.u.a.ge.
中譯	**舉重**

單字	すもう 相撲
拼音	su.mo.u.
中譯	**相撲**

單字	かぶき 歌舞伎
拼音	ka.bu.ki.
中譯	**歌舞伎**

單字	のう 能
拼音	no.u.
中譯	**能劇**

單字	らくご 落語
拼音	ra.ku.go.
中譯	**單口相聲**

單字	じゃんけん
拼音	ja.n.ke.n.
中譯	**猜拳**

單字	かく　　ぼう 隠れん坊
拼音	ka.ku.re.n.bo.u.
中譯	**捉迷藏**

單字	なわと 縄跳び
拼音	na.wa.to.bi.
中譯	**跳繩**

單字	フリスビー
拼音	fu.ri.su.bi.i.
中譯	**飛盤**

單字	<ruby>凧<rt>たこ</rt></ruby>
拼音	ta.ko.
中譯	風箏

單字	トランプ
拼音	to.ra.n.pu.
中譯	撲克牌

單字	<ruby>花札<rt>はなふだ</rt></ruby>
拼音	ha.na.fu.da.
中譯	花牌

單字	<ruby>囲碁<rt>いご</rt></ruby>
拼音	i.go.
中譯	圍棋

單字	<ruby>将棋<rt>しょうぎ</rt></ruby>
拼音	sho.u.gi.
中譯	將棋

單字	<ruby>五目並べ<rt>ごもくならべ</rt></ruby>
拼音	go.mo.ku.na.ra.be.
中譯	五子棋

單字	チェス
拼音	che.su.
中譯	西洋棋

單 字	ダイヤモンドゲーム
拼 音	da.i.ya.mo.n.do.ge.e.mu.
中 譯	**跳棋**

單 字	モノポリー
拼 音	mo.no.po.ri.i.
中 譯	**大富翁**

單 字	^{おもちゃ}玩具
拼 音	o.mo.cha.
中 譯	**玩具**

單 字	ぬいぐるみ
拼 音	nu.i.gu.ru.mi.
中 譯	**布偶**

單 字	^{にんぎょう}人形
拼 音	ni.n.gyo.u.
中 譯	**娃娃**

單 字	プリクラ
拼 音	pu.ri.ku.ra.
中 譯	**大頭貼**

單 字	ガチャポン
拼 音	ga.cha.po.n.
中 譯	**扭蛋**

單字	ユーフォーキャッチャー
拼音	yu.u.fo.o.kya.ccha.a.
中譯	夾娃娃機

單字	パズル
拼音	pa.zu.ru.
中譯	拼圖

單字	アニメ
拼音	a.ni.me.
中譯	動畫

單字	まんが 漫画
拼音	ma.n.ga.
中譯	漫畫

單字	しょうせつ 小説
拼音	sho.u.se.tsu.
中譯	小説

單字	ざっし 雑誌
拼音	za.sshi.
中譯	雜誌

單字	しんぶん 新聞
拼音	shi.n.bu.n
中譯	報紙

單字	パーティー
拼音	pa.a.ti.i.
中譯	**派對、宴會**

單字	どうそうかい 同窓会
拼音	do.u.so.u.ka.i.
中譯	**同學會**

單字	の　かい 飲み会
拼音	no.mi.ka.i.
中譯	**酒友會、聚餐**

單字	かんげいかい 歓迎会
拼音	ka.n.ge.i.ka.i.
中譯	**歡迎會**

單字	そうべつかい 送別会
拼音	so.u.be.tsu.ka.i.
中譯	**送別會**

1

2 文化、遊戲與休閒

3

4

5

1
2
3 電影、電視與音樂
4
5

單字	映画（えいが）
拼音	e.i.ga.
中譯	**電影**

單字	ホラー映画（えいが）
拼音	ho.ra.a.e.i.ga.
中譯	**恐怖片**

單字	サスペンス映画（えいが）
拼音	sa.su.pe.n.su.e.i.ga.
中譯	**懸疑片**

單字	アクション映画（えいが）
拼音	a.ku.sho.n.e.i.ga.
中譯	**動作片**

單字	ちゃんばら映画（えいが）
拼音	cha.n.ba.ra.e.i.ga.
中譯	**武打片**

單字	戦争映画（せんそうえいが）
拼音	se.n.so.u.e.i.ga.
中譯	**戰爭片**

單字	ファンタジー映画（えいが）
拼音	fa.n.ta.ji.i.e.i.ga.
中譯	**奇幻電影**

單 字	エスエフえいが ＳＦ映画
拼 音	e.su.e.fu.e.i.ga.
中 譯	科幻片

單 字	れんあいえいが 恋愛映画
拼 音	re.n.a.i.e.i.ga.
中 譯	愛情片

單 字	えいが ポルノ映画
拼 音	po.ru.no.e.i.ga.
中 譯	色情片

單 字	ひげき 悲劇
拼 音	hi.ge.ki.
中 譯	悲劇

單 字	コメディー
拼 音	ko.me.di.i.
中 譯	喜劇

單 字	ドキュメンタリー
拼 音	do.kyu.me.n.ta.ri.i.
中 譯	紀錄片

單 字	ドラマ
拼 音	do.ra.ma.
中 譯	電視劇

單字	チャンネル
拼音	cha.n.ne.ru.
中譯	頻道

單字	ニュース
拼音	nu.u.su.
中譯	新聞

單字	コメディー
拼音	ko.me.di.i.
中譯	搞笑節目

單字	バラエティ番組 ばんぐみ
拼音	ba.ra.e.ti.ba.n.gu.mi.
中譯	娛樂節目

單字	トーク番組 ばんぐみ
拼音	to.o.ku.ba.n.gu.mi.
中譯	談話性節目

單字	コマーシャル
拼音	ko.ma.a.sha.ru.
中譯	廣告

單字	生放送 なまほうそう
拼音	na.ma.ho.u.so.u.
中譯	現場直播

268

單 字	ゆうせんほうそう 有線放送
拼 音	yu.u.se.n.ho.u.so.u.
中 譯	**有線電視**

單 字	おんがく 音楽
拼 音	o.n.ga.ku.
中 譯	**音樂**

單 字	おんがく クラシック音楽
拼 音	ku.ra.shi.kku.o.n.ga.ku.
中 譯	**古典樂**

單 字	ロック
拼 音	ro.kku.
中 譯	**搖滾樂**

單 字	ジャズ
拼 音	ja.zu.
中 譯	**爵士樂**

單 字	ポップス
拼 音	po.ppu.su.
中 譯	**流行樂**

單 字	ヒップホップ
拼 音	hi.ppu.ho.ppu.
中 譯	**嘻哈樂**

單字 拼音 中譯
みんよう
民謡
mi.n.yo.u.
民謠

單字 拼音 中譯
えんか
演歌
e.n.ka.
演歌

單字 拼音 中譯
がっき
楽器
ga.kki.
樂器

單字 拼音 中譯
ギター
gi.ta.a.
吉他

單字 拼音 中譯
ベース
be.e.su.
貝斯

單字 拼音 中譯
ドラム
do.ra.mu.
鼓

單字 拼音 中譯
ピアノ
pi.a.no.
鋼琴

單 字	バイオリン
拼 音	ba.i.o.ri.n.
中 譯	**小提琴**

單 字	リコーダー
拼 音	ri.ko.o.da.a.
中 譯	**直笛**

單 字	笛 (ふえ)
拼 音	ʃu.e.
中 譯	**笛子**

單 字	三味線 (しゃみせん)
拼 音	sha.mi.se.n.
中 譯	**三味線**

單 字	太鼓 (たいこ)
拼 音	ta.i.ko.
中 譯	**太鼓**

單 字	琵琶 (びわ)
拼 音	bi.wa.
中 譯	**琵琶**

單 字	琴 (こと)
拼 音	ko.to.
中 譯	**古箏**

1

2

4

5

單字	バンド
拼音	ba.n.do.
中譯	**樂團**

單字	アルバム
拼音	a.ru.ba.mu.
中譯	**專輯**

單字	きょくめい 曲名
拼音	kyo.ku.me.i.
中譯	**曲名**

單字	かし 歌詞
拼音	ka.shi.
中譯	**歌詞**

單字	メロディー
拼音	me.ro.di.i.
中譯	**旋律**

單字	コンサート
拼音	ko.n.sa.a.to.
中譯	**演唱會**

單字	ショッピング
拼音	sho.ppi.n.gu.
中譯	**購物**

單字	ネットショッピング
拼音	ne.tto.sho.ppi.n.gu.
中譯	**網路購物**

單字	衝動買い^{しょうどうが}
拼音	sho.u.do.u.ga.i.
中譯	**衝動購物**

單字	ウインドーショッピング
拼音	u.i.n.do.o.sho.ppi.n.gu.
中譯	**瀏覽商店櫥窗**

單字	ショッピングカート
拼音	sho.ppi.n.gu.ka.a.to.
中譯	**購物推車**

單字	ショッピングバッグ
拼音	sho.ppi.n.gu.ba.ggu.
中譯	**購物袋**

單字	ビニール袋^{ぶくろ}
拼音	bi.ni.i.ru.bu.ku.ro.
中譯	**塑膠袋**

1
2
3
4
購物
5

		かみぶくろ
單字		紙袋
拼音		ka.mi.bu.ku.ro.
中譯		**紙袋**

		しょうもうひん
單字		消耗品
拼音		sho.u.mo.u.hi.n.
中譯		**消耗品**

		しょうひん
單字		商品
拼音		sho.u.hi.n.
中譯		**商品**

		ひんしつ
單字		品質
拼音		hi.n.shi.tsu.
中譯		**品質**

		ししょく
單字		試食
拼音		shi.sho.ku.
中譯		**試吃**

		しちゃく
單字		試着
拼音		shi.cha.ku.
中譯		**試穿**

		こういしつ
單字		更衣室
拼音		ko.u.i.shi.tsu.
中譯		**更衣室**

單字	サイズ
拼音	sa.i.zu.
中譯	尺寸

單字	ブランド
拼音	bu.ra.n.do.
中譯	牌子

單字	値段 (ねだん)
拼音	ne.da.n.
中譯	價格

單字	値上げ (ね あ)
拼音	ne.a.ge.
中譯	漲價

單字	値下げ (ね さ)
拼音	ne.sa.ge.
中譯	降價

單字	割引 (わりびき)
拼音	wa.ri.bi.ki.
中譯	打折

單字	割引券 (わりびきけん)
拼音	wa.ri.bi.ki.ke.n.
中譯	折價券

單字	はんがく 半額
拼音	ha.n.ga.ku.
中譯	**半價**

單字	セール
拼音	se.e.ru.
中譯	**促銷拍賣**

單字	バーゲン
拼音	ba.a.ge.n.
中譯	**特價品**

單字	ふりょうひん 不良品
拼音	fu.ryo.u.hi.n.
中譯	**瑕疵品**

單字	へんぴん 返品
拼音	he.n.pi.n.
中譯	**退貨**

單字	レジ
拼音	re.ji.
中譯	**收銀機**

單字	かいけい お会計
拼音	o.ka.i.ke.i.
中譯	**結帳**

單 字	バーコード
拼 音	ba.a.ko.o.do.
中 譯	**條碼**

單 字	りょうしゅうしょ 領収書
拼 音	ryo.u.shu.u.sho.
中 譯	**收據**

單 字	レシート
拼 音	re.shi.i.to.
中 譯	**收據**

單 字	ポイントカード
拼 音	po.i.n.to.ka.a.do.
中 譯	**集點卡**

單 字	とりか 取替え
拼 音	to.ri.ka.e.
中 譯	**退換**

單 字	メニュー
拼 音	me.nyu.u.
中 譯	**菜單**

單 字	ちゅうもん 注文
拼 音	chu.u.mo.n.
中 譯	**訂購**

1

2

3

4
購物

5

1

2

3

4
購物

5

單字	<ruby>売<rt>う</rt></ruby>り<ruby>切<rt>き</rt></ruby>れ
拼音	u.ri.ki.re.
中譯	**賣完**

單字	<ruby>無料<rt>むりょう</rt></ruby>
拼音	mu.ryo.u.
中譯	**免費**

單字	<ruby>有料<rt>ゆうりょう</rt></ruby>
拼音	yu.u.ryo.u.
中譯	**收費**

單字	<ruby>持<rt>も</rt></ruby>ち<ruby>帰<rt>かえ</rt></ruby>る
拼音	mo.chi.ka.e.ru.
中譯	**外帶**

單字	サービスカウンター
拼音	sa.a.bi.su.ka.u.n.ta.a.
中譯	**服務台**

單字	ロッカー
拼音	ro.kka.a.
中譯	**置物櫃**

單字	<ruby>消費者<rt>しょうひしゃ</rt></ruby>
拼音	sho.u.hi.sha.
中譯	**消費者**

單字	しょうがつ 正月
拼音	sho.u.ga.tsu.
中譯	**正月**

單字	せいじん　ひ 成人の日
拼音	se.i.ji.n.no.hi.
中譯	**成人日**

單字	バレンタインデー
拼音	ba.re.n.ta.i.n.de.e.
中譯	**情人節**

單字	ホワイトデー
拼音	ho.wa.i.to.de.e.
中譯	**白色情人節**

單字	ひなまつ 雛祭り
拼音	hi.na.ma.tsu.ri.
中譯	**女兒節**

單字	しょうわ　ひ 昭和の日
拼音	sho.u.wa.no.hi.
中譯	**昭和日**

單字	けんぽうきねんび 憲法記念日
拼音	ke.n.po.u.ki.ne.n.bi.
中譯	**憲法紀念日**

單字	みどりの<ruby>日<rt>ひ</rt></ruby>
拼音	mi.do.ri.no.hi.
中譯	綠之日

單字	<ruby>端午<rt>たんご</rt></ruby>の<ruby>節句<rt>せっく</rt></ruby>
拼音	ta.n.go.no.se.kku.
中譯	端午節

單字	<ruby>子供<rt>こども</rt></ruby>の<ruby>日<rt>ひ</rt></ruby>
拼音	ko.do.mo.no.hi.
中譯	兒童節

單字	ゴールデンウィーク
拼音	go.o.ru.de.n.wi.i.ku.
中譯	黃金週

單字	<ruby>母<rt>はは</rt></ruby>の<ruby>日<rt>ひ</rt></ruby>
拼音	ha.ha.no.hi.
中譯	母親節

單字	<ruby>父<rt>ちち</rt></ruby>の<ruby>日<rt>ひ</rt></ruby>
拼音	chi.chi.no.hi.
中譯	父親節

單字	<ruby>七夕<rt>たなばた</rt></ruby>
拼音	ta.na.ba.ta.
中譯	七夕

單 字	海の日
拼 音	u.mi.no.hi.
中 譯	海之日

單 字	お盆
拼 音	o.bo.n.
中 譯	盂蘭盆節

單 字	敬老の日
拼 音	ke.i.ro.u.no.hi.
中 譯	敬老之日

單 字	体育の日
拼 音	ta.i.i.ku.no.hi.
中 譯	體育之日

單 字	文化の日
拼 音	bu.n.ka.no.hi.
中 譯	文化之日

單 字	七五三
拼 音	shi.chi.go.sa.n.
中 譯	七五三節

單 字	ハロウィン
拼 音	ha.ro.wi.n.
中 譯	萬聖節

1

單字 きんろうかんしゃ の ひ
勤労感謝の日
拼音 ki.n.ro.u.ka.n.sha.no.hi.
中譯 **勤勞感謝之日**

2

單字 てんのうたんじょうび
天皇誕生日
拼音 te.n.no.u.ta.n.jo.u.bi.
中譯 **天皇誕生日**

3

單字 クリスマス
拼音 ku.ri.su.ma.su.
中譯 **聖誕節**

4

單字 おおみそか
大晦日
拼音 o.o.mi.so.ka.
中譯 **除夕**

5
節日活動與宗教

單字 はつもうで
初詣
拼音 ha.tsu.mo.u.de.
中譯 **新年參拜**

單字 としだま
お年玉
拼音 o.to.shi.da.ma.
中譯 **壓歲錢**

單字 ふくぶくろ
福袋
拼音 fu.ku.bu.ku.ro.
中譯 **福袋**

單字	しんねんかい 新年会
拼音	shi.n.ne.n.ka.i.
中譯	**新年會、春酒**

單字	ぎ り 義理チョコ
拼音	gi.ri.cho.ko.
中譯	**義理巧克力**

單字	ほんめい 本命チョコ
拼音	ho.n.me.i.cho.ko.
中譯	**本命巧克力**

單字	ひなにんぎょう 雛人形
拼音	hi.na.ni.n.gyo.u.
中譯	**女兒節人偶**

單字	こい 鯉のぼり
拼音	ko.i.no.bo.ri.
中譯	**鯉魚旗**

單字	カーネーション
拼音	ka.a.ne.e.sho.n.
中譯	**康乃馨**

單字	おりひめ 織姫
拼音	o.ri.hi.me.
中譯	**織女**

單字	ひこぼし 彦星
拼音	hi.ko.bo.shi.
中譯	**牛郎**

單字	あま がわ 天の川
拼音	a.ma.no.ga.wa.
中譯	**銀河**

單字	たんざく 短冊
拼音	ta.n.za.ku.
中譯	**短箋**

單字	カボチャのランプ
拼音	ka.bo.cha.no.ra.n.pu.
中譯	**南瓜燈籠**

單字	ゆうれい 幽霊
拼音	yu.u.re.i.
中譯	**幽靈**

單字	まじょ 魔女
拼音	ma.jo.
中譯	**魔女**

單字	サンタクロース
拼音	sa.n.ta.ku.ro.o.su.
中譯	**聖誕老公公**

節日活動與宗教

單 字	トナカイ
拼 音	to.na.ka.i.
中 譯	馴鹿

單 字	クリスマスツリー
拼 音	ku.ri.su.ma.su.tsu.ri.i.
中 譯	聖誕樹

單 字	ポインセチア
拼 音	po.i.n.se.chi.a.
中 譯	聖誕紅

單 字	忘年会 (ぼうねんかい)
拼 音	bo.u.ne.n.ka.i.
中 譯	年終宴會、尾牙

單 字	二次会 (にじかい)
拼 音	ni.ji.ka.i.
中 譯	續攤

單 字	除夜の鐘 (じょや かね)
拼 音	jo.ya.no.ka.ne.
中 譯	除夕的鐘聲

單 字	帰省ラッシュ (きせい)
拼 音	ki.se.i.ra.sshu.
中 譯	返鄉潮

單字 大掃除
おおそうじ
拼音 o.o.so.u.ji.
中譯 **大掃除**

單字 紅白歌合戦
こうはくうたがっせん
拼音 ko.u.ha.ku.u.ta.ga.sse.n.
中譯 **紅白歌合戦**

單字 参拝
さんぱい
拼音 sa.n.pa.i.
中譯 **參拜**

單字 賽銭箱
さいせんばこ
拼音 sa.i.se.n.ba.ko.
中譯 **油錢箱**

單字 御神籤
おみくじ
拼音 o.mi.ku.ji.
中譯 **神籤**

單字 大吉
だいきち
拼音 da.i.ki.chi.
中譯 **大吉**

單字 中吉
ちゅうきち
拼音 chu.u.ki.chi.
中譯 **中吉**

		しょうきち
單	字	小吉
拼	音	sho.u.ki.chi.
中	譯	小吉

		きち
單	字	吉
拼	音	ki.chi.
中	譯	吉

		すえきち
單	字	末吉
拼	音	su.e.ki.chi.
中	譯	末吉

		きょう
單	字	凶
拼	音	kyo.u.
中	譯	凶

		だいきょう
單	字	大凶
拼	音	da.i.kyo.u.
中	譯	大凶

		おまもり
單	字	御守り
拼	音	o.ma.mo.ri.
中	譯	御守、護身符

		うらな
單	字	占い
拼	音	u.ra.na.i.
中	譯	算命、占卜

単字 神輿
みこし
拼音 mi.ko.shi.
中譯 **神轎**

単字 花火大会
はなびたいかい
拼音 ha.na.bi.ta.i.ka.i.
中譯 **煙火大會**

単字 屋台
やたい
拼音 ya.ta.i.
中譯 **攤販**

単字 はっぴ
拼音 ha.ppi.
中譯 **祭典服**

単字 金魚すくい
きんぎょ
拼音 ki.n.gyo.su.ku.i.
中譯 **撈金魚**

単字 ヨーヨー釣り
つ
拼音 yo.o.yo.o.tsu.ri.
中譯 **調水球**

単字 輪投げ
わな
拼音 wa.na.ge.
中譯 **套圈圈**

單字	射的ゲーム しゃてき
拼音	sha.te.ki.ge.e.mu.
中譯	**射擊遊戲**

單字	宗教 しゅうきょう
拼音	shu.u.kyo.u.
中譯	**宗教**

單字	仏教 ぶっきょう
拼音	bu.kkyo.u.
中譯	**佛教**

單字	道教 どうきょう
拼音	do.u.kyo.u.
中譯	**道教**

單字	キリスト教 きょう
拼音	ki.ri.su.to.kyo.u.
中譯	**基督教**

單字	カトリック教 きょう
拼音	ka.to.ri.kku.kyo.u.
中譯	**天主教**

單字	イスラム教 きょう
拼音	i.su.ra.mu.kyo.u.
中譯	**伊斯蘭教**

5 節日活動與宗教

1

2

3

4

單字	しんとう 神道
拼音	shi.n.to.u.
中譯	**神道教**

單字	ぶつぞう 仏像
拼音	bu.tsu.zo.u.
中譯	**佛像**

單字	きょう お経
拼音	o.kyo.u.
中譯	**佛經**

單字	そな もの お供え物
拼音	o.so.na.e.mo.no.
中譯	**祭品**

單字	ぞう キリスト像
拼音	ki.ri.su.to.zo.u.
中譯	**耶穌像**

單字	じゅうじか 十字架
拼音	ju.u.ji.ka.
中譯	**十字架**

單字	せいしょ 聖書
拼音	se.i.sho.
中譯	**聖經**

A：赤田さんはスポーツが好き？
a.ki.da.sa.n.wa.su.po.o.tsu.ga.su.ki.
赤田喜歡運動嗎？

B：うん、好きだよ。
u.n./su.ki.da.yo.
嗯，喜歡喔。

A：どんなスポーツ？
do.n.na.su.po.o.tsu.
甚麼運動呢？

B：バレーボールだよ。
ba.re.e.bo.o.ru.da.yo.
排球喔。

A：趣味は何ですか？
shu.mi.wa.na.n.de.su.ka.
你的興趣是甚麼？

B：音楽を聴くことです。
o.n.ga.ku.o.ki.ku.ko.to.de.su.
聽音樂。

情境會話

A：昨日、衝動買いをしたんだ。
ki.no.u./sho.u.do.u.ga.i.o.shi.ta.n.da.
昨天衝動購物了。

B：またかよ、何を買ったの？
ma.ta.ka.yo./na.ni.o.ka.tta.no.
又來了，你買了甚麼？

A：カバンを買った。
ka.ba.n.o.ka.tta.
買了包包。

A：バレンタインデーに好きな女の子からチョコレートをもらったよ。
ba.re.n.ta.i.n.de.e.ni.su.ki.na.o.n.na.no.ko.ka.ra.cho.

ko.re.e.to.o.mo.ra.tta.yo.
情人節時收到喜歡的女生送的巧克力喔。

B：えっ、誰、誰？
e./da.re./da.re.
咦，是誰、是誰？

A：雨宮さん。
a.ma.mi.ya.sa.n.
是雨宮。

7

常用形容詞與動詞

單 字	なが 長い
拼 音	na.ga.i.
中 譯	**長的**

單 字	みじか 短い
拼 音	mi.ji.ka.i.
中 譯	**短的**

單 字	おお 大きい
拼 音	o.o.ki.i.
中 譯	**大的**

單 字	ちい 小さい
拼 音	chi.i.sa.i.
中 譯	**小的**

單 字	とお 遠い
拼 音	to.o.i.
中 譯	**遠的**

單 字	ちか 近い
拼 音	chi.ka.i.
中 譯	**近的**

單 字	ふと 太い
拼 音	fu.to.i.
中 譯	**粗的、胖的**

單字	ほそ 細い
拼音	ho.so.i.
中譯	**細的**

單字	はや 早い
拼音	ha.ya.i.
中譯	**早**

單字	おそ 遅い
拼音	o.so.i.
中譯	**慢、晚**

單字	ひろ 広い
拼音	hi.ro.i.
中譯	**寬廣的**

單字	せま 狭い
拼音	se.ma.i.
中譯	**窄小的**

單字	ふか 深い
拼音	fu.ka.i.
中譯	**深的**

單字	あさ 浅い
拼音	a.sa.i.
中譯	**淺的**

1
形容詞

2

單 字	^こ濃い
拼 音	ko.i.
中 譯	**濃的**

單 字	^{うす}薄い
拼 音	u.su.i.
中 譯	**薄的**

單 字	^{あつ}厚い
拼 音	a.tsu.i.
中 譯	**厚的**

單 字	^{やす}安い
拼 音	ya.su.i.
中 譯	**便宜的**

單 字	^{たか}高い
拼 音	ta.ka.i.
中 譯	**貴的、高的**

單 字	^{ひく}低い
拼 音	hi.ku.i.
中 譯	**低的**

單 字	^{つよ}強い
拼 音	tsu.yo.i.
中 譯	**強的**

單 字	^{よわ}弱い
拼 音	yo.wa.i.
中 譯	**弱的**

單 字	いい
拼 音	i.i.
中 譯	**好的**

單 字	^{わる}悪い
拼 音	wa.ru.i.
中 譯	**壞的**

單 字	^{やさ}優しい
拼 音	ya.sa.shi.i.
中 譯	**善良、親切的**

單 字	^{きび}厳しい
拼 音	ki.bi.shi.i.
中 譯	**嚴格的**

單 字	^{むずか}難しい
拼 音	mu.zu.ka.shi.i.
中 譯	**困難的**

單 字	^{あつ}暑い
拼 音	a.tsu.i.
中 譯	**熱的**

1 形容詞

2

單字	<ruby>寒<rt>さむ</rt></ruby>い
拼音	sa.mu.i.
中譯	**寒冷的**

單字	<ruby>涼<rt>すず</rt></ruby>しい
拼音	su.zu.shi.i.
中譯	**涼爽的**

單字	<ruby>温<rt>あたた</rt></ruby>かい
拼音	a.ta.ta.ka.i.
中譯	**溫暖的**

單字	<ruby>美味<rt>お い</rt></ruby>しい
拼音	o.i.shi.i.
中譯	**美味的**

單字	<ruby>旨<rt>うま</rt></ruby>い
拼音	u.ma.i.
中譯	**好吃的**

單字	まずい
拼音	ma.zu.i.
中譯	**難吃的**

單字	<ruby>明<rt>あか</rt></ruby>るい
拼音	a.ka.ru.i.
中譯	**明亮、開朗的**

單字	暗い くら
拼音	ku.ra.i.
中譯	**暗、暗淡**

單字	新しい あたら
拼音	a.ta.ra.shi.i.
中譯	**新的**

單字	古い ふる
拼音	fu.ru.i.
中譯	**舊的**

單字	面白い おもしろ
拼音	o.mo.shi.ro.i.
中譯	**有趣的**

單字	つまらない
拼音	tsu.ma.ra.na.i.
中譯	**無聊的**

單字	可笑しい お か
拼音	o.ka.shi.i.
中譯	**奇怪的**

單字	怪しい あや
拼音	a.ya.shi.i.
中譯	**可疑的**

1 形容詞

2

單字	こわ 怖い
拼音	ko.wa.i.
中譯	**恐怖的**

單字	かわい 可愛い
拼音	ka.wa.i.i.
中譯	**可愛的**

單字	かっこいい
拼音	ka.kko.i.i.
中譯	**帥的**

單字	うつく 美しい
拼音	u.tsu.ku.shi.i.
中譯	**美麗、漂亮的**

單字	たの 楽しい
拼音	ta.no.shi.i.
中譯	**快樂的**

單字	うれ 嬉しい
拼音	u.re.shi.i.
中譯	**高興的**

單字	いそが 忙しい
拼音	i.so.ga.shi.i.
中譯	**忙碌的**

單 字	つら 辛い
拼 音	tsu.ra.i.
中 譯	**艱苦的**

單 字	から 辛い
拼 音	ka.ra.i.
中 譯	**辣的**

單 字	あま 甘い
拼 音	a.ma.i.
中 譯	**甜的**

單 字	にが 苦い
拼 音	ni.ga.i.
中 譯	**苦的**

單 字	す 酸っぱい
拼 音	su.ppa.i.
中 譯	**酸的**

單 字	かしこ 賢い
拼 音	ka.shi.ko.i.
中 譯	**聰明的**

單 字	いた 痛い
拼 音	i.ta.i.
中 譯	**痛的**

單 字	きれい
拼 音	ki.re.i.
中 譯	**漂亮、乾淨**

單 字	<ruby>上手<rt>じょうず</rt></ruby>
拼 音	jo.u.zu.
中 譯	**熟練**

單 字	<ruby>下手<rt>へた</rt></ruby>
拼 音	he.ta.
中 譯	**笨拙**

單 字	<ruby>好<rt>す</rt></ruby>き
拼 音	su.ki.
中 譯	**喜歡**

單 字	<ruby>嫌<rt>きら</rt></ruby>い
拼 音	ki.ra.i.
中 譯	**討厭**

單 字	<ruby>楽観的<rt>らっかんてき</rt></ruby>
拼 音	ra.kka.n.te.ki.
中 譯	**樂觀的**

單 字	<ruby>悲観的<rt>ひかんてき</rt></ruby>
拼 音	hi.ka.n.te.ki.
中 譯	**悲觀的**

單字	ポジティブ
拼音	po.ji.ti.bu.
中譯	積極的

單字	ネガティブ
拼音	ne.ga.ti.bu.
中譯	消極的

單字	しんせつ 親切
拼音	shi.n.se.tsu.
中譯	親切的

單字	寝る
拼音	ne.ru.
中譯	**睡覺**

單字	起きる
拼音	o.ki.ru.
中譯	**起床**

單字	食べる
拼音	ta.be.ru.
中譯	**吃**

單字	飲む
拼音	no.mu.
中譯	**喝**

單字	聞く
拼音	ki.ku.
中譯	**聽、問**

單字	見る
拼音	mi.ru.
中譯	**看**

單字	読む
拼音	yo.mu.
中譯	**閱讀、念**

單 字	はな 話す
拼 音	ha.na.su.
中 譯	**説**

單 字	しゃべ 喋る
拼 音	sha.be.ru.
中 譯	**説、講**

單 字	い 言う
拼 音	i.u.
中 譯	**説**

單 字	か 書く
拼 音	ka.ku.
中 譯	**寫**

單 字	おも 思う
拼 音	o.mo.u.
中 譯	**想、認為**

單 字	かんが 考える
拼 音	ka.n.ga.e.ru.
中 譯	**思考、考慮**

單 字	かえ 帰る
拼 音	ka.e.ru.
中 譯	**回去**

1

2 動詞

單字	あ 会う
拼音	a.u.
中譯	**遇見**

單字	い 行く
拼音	i.ku.
中譯	**去**

單字	く 来る
拼音	ku.ru.
中譯	**來**

單字	ある 歩く
拼音	a.ru.ku.
中譯	**走**

單字	はし 走る
拼音	ha.shi.ru.
中譯	**跑**

單字	あら 洗う
拼音	a.ra.u.
中譯	**洗**

單字	の 乗る
拼音	no.ru.
中譯	**搭乘**

單 字	お 降りる
拼 音	o.ri.ru.
中 譯	下、降

單 字	か 買う
拼 音	ka.u.
中 譯	買

單 字	う 売る
拼 音	u.ru.
中 譯	賣

單 字	か 借りる
拼 音	ka.ri.ru.
中 譯	借入

單 字	か 貸す
拼 音	ka.su.
中 譯	借出

單 字	ひろ 拾う
拼 音	hi.ro.u.
中 譯	撿拾

單 字	す 捨てる
拼 音	su.te.ru.
中 譯	丟棄

1

2
動詞

單 字	調べる
拼 音	shi.ra.be.ru.
中 譯	**調查**

單 字	探す
拼 音	sa.ga.su.
中 譯	**尋找**

單 字	学ぶ
拼 音	ma.na.bu.
中 譯	**學習**

單 字	持つ
拼 音	mo.tsu.
中 譯	**拿、持有**

單 字	待つ
拼 音	ma.tsu.
中 譯	**等待**

單 字	笑う
拼 音	wa.ra.u.
中 譯	**笑**

單 字	泣く
拼 音	na.ku.
中 譯	**哭泣**

單 字	怒る おこ
拼 音	o.ko.ru.
中 譯	**生氣**

單 字	叱る しか
拼 音	shi.ka.ru.
中 譯	**責備**

單 字	切る き
拼 音	ki.ru.
中 譯	**切、剪**

單 字	煮る に
拼 音	ni.ru.
中 譯	**煮、燉**

單 字	炒める いた
拼 音	i.ta.me.ru.
中 譯	**炒**

單 字	洗濯する せんたく
拼 音	se.n.ta.ku.su.ru.
中 譯	**洗滌**

單 字	散歩する さんぽ
拼 音	sa.n.po.su.ru.
中 譯	**散步**

單 字	りょこう 旅行する
拼 音	ryo.ko.u.su.ru.
中 譯	**旅行**

單 字	べんきょう 勉強する
拼 音	be.n.kyo.u.su.ru.
中 譯	**學習、讀書**

單 字	そうじ 掃除する
拼 音	so.u.ji.su.ru.
中 譯	**打掃**

A：ここの景色は綺麗ですね。
ko.ko.no.ke.shi.ki.wa.ki.re.i.de.su.ne.
這裡的景色很漂亮呢。

B：そうですね。
so.u.de.su.ne.
對啊。

A：この料理はあまり美味しくないね。
ko.no.ryo.u.ri.wa.a.ma.ri.o.i.shi.ku.na.i.ne.
這個料理不太好吃呢。

B：えっ、そうなの？！
e./so.u.na.no.
唉，是這樣嗎？！

A：この本とても高い！
ko.no.ho.n.to.me.mo.ta.ka.i.
這本書很貴！

B：いくらなの？
i.ku.ra.na.no.
多少錢呢？

A：三千五百円だよ！
sa.n.ze.n.go.hya.ku.e.n.da.yo.
三千五百日圓！

B：それは高すぎる！
so.re.wa.ta.ka.su.gi.ru.
那太貴了！

情境會話

A：山田先生はとても優しいですね。
ya.ma.da.se.n.se.i.wa.to.te.mo.ya.sa.shi.i.de.su.ne.
山田老師非常親切呢。

B：そうですね。私もそう思います。
so.u.de.su.ne./wa.ta.shi.mo.so.u.o.mo.i.ma.su.
對啊，我也這麼覺得。

A：あとで一緒に散歩しましょう！
a.to.de.i.ssho.ni.sa.n.po.shi.ma.sho.u.
等下一起去散步吧！

B：うん！いいですよ！
u.n./i.i.de.su.yo.
嗯！好喔！

永續圖書
線上購物網

www.foreverbooks.com.tw

◆ 加入會員即享活動及會員折扣。

◆ 每月均有優惠活動，期期不同。

◆ 新加入會員三天內訂購書籍不限本數金額，

　即贈送精選書籍一本。（依網站標示為主）

專業圖書發行、書局經銷、圖書出版

永續圖書總代理：

五觀藝術出版社、培育文化、棋茵出版社、達觀出版社、

可道書坊、白橡文化、大拓文化、讀品文化、雅典文化、

知音人文化、手藝家出版社、璞珅文化、智學堂文化、語

言鳥文化

活動期內，永續圖書將保留變更或終止該活動之權利及最終決定權。

每日一句
日語懶人會話
（48開）

初學者
必學的韓語會話
（50開）

OK! no problem
你一定要會的基礎對話
（50開）

一天一句，在不知不覺中累積日語會話力！

精選日本人最常使用的日語短句，配合生動的情境會話，

讓你踏出開口說韓語的第一步！

專為韓語初學者設計，收錄大量的會話、相關例句、基礎文法、句型、單字一應俱全。

羅馬拼音輔助發音，最便利的攜帶方式。

史上超強，英文基礎對話，英文學習在精不在多，只要掌握基礎對話，沒有學不會的英文、沒有接不了的話，人人都可以輕鬆開口飆英文！

我的菜韓文
生活會話篇
（50開）

終極日文
單字1000
（50開）

無敵英語
1500句生活會話
（48開）

一本在手，讓你立即開口説韓語！
本書提供超強中文發音輔助，即使你還不熟悉韓語四十音，也能講出一口流利的韓語。

非學不可的一千個日文單字！
精選最常用的日文單字，讓您的日語實力立即升級。

史上超強實用英文會話文庫！
用最簡單的英文會話，就可以流利的表達。
本書彙整超過一千五百句的生活常用會話語句，讓您的英文口語能力突飛猛進！

國家圖書館出版品預行編目資料

國民日語生活單字大全集 / 雅典日研所企編.
-- 初版. -- 新北市：雅典文化, 民102.07
面 ； 公分. -- (全民學日語 ; 24)
ISBN 978-986-6282-88-1 (平裝附光碟片)
1. 日語 2. 詞彙
803.12   102009375

全民學日語系列 24

國民日語生活單字大全集

編著／雅典日研所
責編／張琇穎
美術編輯／翁敏貴
封面設計／蕭若辰

法律顧問：方圓法律事務所／涂成樞律師

總經銷：永續圖書有限公司
永續圖書線上購物網
www.foreverbooks.com.tw

CVS代理／美璟文化有限公司
TEL：(02) 2723-9968
FAX：(02) 2723-9668

出版日／2013年07月

雅典文化

出版社
22103　新北市汐止區大同路三段194號9樓之1
TEL　(02) 8647-3663
FAX　(02) 8647-3660

國民日語生活單字大全集

雅致風靡　典藏文化

親愛的顧客您好，感謝您購買這本書。即日起，填寫讀者回函卡寄回至
本公司，我們每月將抽出一百名回函讀者，寄出精美禮物並享有生日當
月購書優惠！想知道更多更即時的消息，歡迎加入"永續圖書粉絲團"
您也可以選擇傳真、掃描或用本公司準備的免郵回函寄回，謝謝。

傳真電話：（02）8647-3660　　　　電子信箱：yungjiuh@ms45.hinet.net

姓名：	性別：　□男　　□女
出生日期：　　年　　月　　日　電話：	
學歷：　　　　　　　　　　職業：	
E-mail：	
地址：□□□	
從何處購買此書：　　　　　　購買金額：　　　元	
購買本書動機：□封面 □書名 □排版 □內容 □作者 □偶然衝動	
你對本書的意見： 內容：□滿意□尚可□待改進　編輯：□滿意□尚可□待改進 封面：□滿意□尚可□待改進　定價：□滿意□尚可□待改進	
其他建議：	